Halena Rojas Valduciel

Plan De Implementación De La ISO/IEC 27001:2013

Halena Rojas Valduciel

Plan De Implementación De La ISO/IEC 27001:2013

Asegurando los Activos de Informacion de una Empresa

Editorial Académica Española

Imprint

Any brand names and product names mentioned in this book are subject to trademark, brand or patent protection and are trademarks or registered trademarks of their respective holders. The use of brand names, product names, common names, trade names, product descriptions etc. even without a particular marking in this work is in no way to be construed to mean that such names may be regarded as unrestricted in respect of trademark and brand protection legislation and could thus be used by anyone.

Cover image: www.ingimage.com

Publisher:
Editorial Académica Española
is a trademark of
International Book Market Service Ltd., member of OmniScriptum Publishing Group
17 Meldrum Street, Beau Bassin 71504, Mauritius

Printed at: see last page
ISBN: 978-620-2-11925-2

Agradecimientos

A mi familia y amigos -especialmente Ramiro-, que han sabido entenderme y apoyarme en esta nueva meta.

A la Fundación Ramón Molinas, que me otorgó la beca con la cual he podido cursar este máster; sin ella habría sido imposible.

A todos mis profesores del máster, por sus enseñanzas y su disposición, ha sido una gran experiencia aprender de ustedes.

A Antonio, por ser un lujo de director, por su paciencia y todas sus enseñanzas.

A Helena Rifa Pous, directora del máster, por la oportunidad, por creer en mí y por apoyarme hasta el final.

A todos, mis más sinceras gracias.

Dedicatoria

A ti, por ser mi pilar, mi ejemplo y el apoyo que me ha permitido alcanzar este logro…

Índice De Contenidos

Índice de Figuras

Índice de Tablas

1. Introducción

En la actualidad, con la importante presencia de las tecnologías de información y comunicación dentro de las organizaciones y el creciente volumen de información que se maneja dentro de las empresas, sumado a la tendencia –cada vez más persistente- de estar interconectado, las organizaciones se ven expuestas a una cantidad de retos y amenazas que son cada vez más sofisticadas y que les obliga a proteger la información por ser uno de sus activos más valiosos.

Es por ello, que las organizaciones se han visto en la necesidad de incluir dentro de sus procesos de negocio, estrategias y actividades que les permita –de forma sistemática y continuada- garantizar la seguridad de la información.

En este sentido, se han desarrollado normas y estándares internacionales, que facilitan una guía de buenas prácticas para la gestión de la seguridad de la información de una forma eficaz y eficiente a corto, mediano y largo plazo, que además resulte flexible y adaptable a los requerimientos de la lógica de negocio de las empresas.

Como ejemplo de lo antes mencionado, se tiene el estándar ISO/IEC 27000, en particular las normas ISO/IEC 27001:2013 e ISO/IEC 27002:2013, las cuales ofrecen de forma estructurada, objetivos y controles que facilitan la implantación de sistemas de gestión de seguridad de la información (SGSI), herramienta indispensable para cualquier organización que desee garantizar la protección de uno de sus activos más valiosos: la información [marcombo, 2007 citado en Díaz *et. Al*, 2011].

A lo largo de este documento, se mostrarán las fases que hay que cumplir para elaborar e implementar un plan que permita la implantación de un SGSI adecuado a las ISO/iEC 27001:2013 en una empresa de estudio. Para ello, el documento se ha organizado en capítulos. El capítulo I, corresponde a la primera fase: situación Actual, Plan director de seguridad y análisis diferencial ISO/IEC 27001:2013, 27002:2013.En el capítulo II, que corresponde a la segunda fase, se presentarán los documentos que constituyen el sistema de gestión documental. En el capítulo III, correspondiente a la tercera fase, se mostrará el proceso y resultados de la ejecución del análisis de riesgos, siguiendo la metodología MAGERIT. El capítulo IV, correspondiente a la cuarta fase contendrá el plan de acciones propuesto para mitigar el impacto de las posibles amenazas o vulnerabilidades que se hayan valorado en la fase de análisis de riesgos. El capítulo V, correspondiente a la quinta fase, mostrará los resultados obtenidos de la ejecución de una auditoría de cumplimiento que permitirá evaluar la eficiencia del plan propuesto y finalmente, en el capítulo VI, última fase del proyecto, se presentarán los resultados y la entrega de informes.

2.   Objetivos del proyecto

2.1. Objetivo General

Elaborar un plan que permita la implementación de un sistema de gestión de seguridad de la información adecuado al estándar internacional ISO/IEC 27001:2013 en una empresa en estudio que pertenece al sector de la industria manufacturera.

2.2. Objetivos Específicos

Para alcanzar el objetivo general propuesto en este proyecto, se han de lograr los siguientes objetivos específicos:

- Elaborar un plan director de seguridad, que contenga la situación actual de la empresa en estudio, la delimitación del alcance del mismo y los objetivos a lograr.

- Realizar un análisis diferencial ISO/IEC 27001:2013, 27002:2013, que permita conocer el estado inicial de la seguridad de la información en la empresa en estudio.

- Realizar un análisis de riesgos siguiendo la metodología MAGERIT.

- Elaborar un plan de acción que permita mitigar el impacto de las amenazas o vulnerabilidades valoradas en el análisis de riesgos, así como ofrecer las medidas pertinentes que permitan dar respuesta a los riesgos identificados.

- Realizar una auditoría de cumplimiento con objeto de verificar el nivel de cumplimiento con la ISO/IEC 27001:2013 una vez implementado el plan.

- Presentar los resultados obtenidos mediante los documentos – informes- necesarios.

CAPÍTULO I

3. Situación actual: Contextualización, Objetivos y Análisis Diferencial

3.1. Importancia de la Seguridad de la Información. Diferencia con la Seguridad Informática

En la actualidad, con la incorporación en las organizaciones de las tecnologías de información y comunicación (TIC) como soporte a las estrategias y objetivos del negocio, temas como la seguridad resultan aspectos imprescindibles a tener en cuenta, ya que el uso de las TIC, además de facilitar el alcance de los objetivos y metas, trae como consecuencia la posibilidad latente de que los activos de la organización -entre ellos la información- estén expuestos a ciertos riesgos que en estos casos , puede ocasionar la divulgación, modificación, pérdida o interrupción de información sensible [Mendoza López y Lorenzana Gutiérrez, mar 01, 2013]. Teniendo en cuenta que la información es uno de los ACTIVOS que representa un mayor valor para el negocio y de que hoy en día la tendencia es a estar interconectados, resulta de suma importancia tomar las medidas necesarias que permitan proteger dicha información de posibles ataques a la infraestructura, redes o sistemas, entre otros, los cuales resultan cada vez más sofisticados [Garre Gui, 2011].

No obstante, en este punto hay que señalar que no se trata de implementar medidas en seguridad informática exclusivamente, ya que ésta se encarga de la seguridad de los sistemas de información y se estaría protegiendo la información automatizada, quedando por fuera otras formas de información que estén presentes en la organización.

Aunque tiende a confundirse el término seguridad de la información con seguridad informática, no son sinónimos y no deben tratarse como tal. La seguridad de la información no solo abarca las formas en que se presenta, sino que también tiene en cuenta el ciclo de vida de la misma (creación o captura, mantenimiento, distribución y uso, almacenamiento, archivo y destrucción). Por tanto, la seguridad de la información debe ser entendida como un proceso de la compañía que requiere una gestión y coordinación transversal, lo cual implica planificación y gestión y que no puede –ni debe- ser improvisado, es decir, debe asumirse como un proceso que interactúa con el resto de procesos del negocio [garre Gui, 2011].

Por lo antes mencionado, para llevar a cabo una adecuada gestión de la seguridad de la información en una organización, es necesario implantar un sistema que permita dicha gestión de forma coordinada y planificada. En este sentido, se debería hacer uso de un proceso o conjunto de procesos sistemáticos, documentados y conocidos por toda la organización con un enfoque hacia el riesgo empresarial. A este tipo de procesos se les conoce como sistemas de gestión de seguridad de la información (SGSI), los cuales tienen como propósito fundamental "garantizar que los riesgos de la seguridad de la información sean conocidos, asumidos, gestionados y minimizados por la organización de una forma documentada, sistemática, estructurada, repetible, eficiente y adaptada a los cambios que se produzcan en los riesgos, el entorno y las tecnologías" [ISO27000.es, 2012].

De lo anterior se deduce, que un SGSI, es la herramienta que permitirá que la organización gestione la seguridad de la información contemplando unos procedimientos adecuados y la planificación e implantación de controles de seguridad basados en una evaluación de riesgos y en una medición de la eficacia de los mismos y en relación con los objetivos de negocio de la organización con el fin de mantener un nivel de exposición siempre menor al nivel de riesgo que la propia organización ha decidido asumir [op. Cit.].

Con objeto de poder implantar un SGSI de forma sistemática, se han construido normas estandarizadas internacionalmente como la ISO/IEC 27001:2005, la cual tiene como concepto central este tipo de sistemas e incluye -entre OTROS anexos- una guía de buenas prácticas en los controles de seguridad de la información, denominada ISO/IEC 27002:2005. En el siguiente apartado se tratará con más detalle esta norma, desde su origen hasta la versión actualizada en 2013.

3.2.   Conociendo la ISO 27002:200¡Error! Marcador no definido. e ISO 27002:2013

Como se mencionó en el apartado anterior, las normas ISO/IEC 27001:2005, poseen como complemento, una normativa que contribuye a facilitar el proceso de implantación de un SGSI. Dicha normativa, denominada ISO/IEC 27002:2005, ofrece una guía de buenas prácticas para el establecimiento de controles que permitan gestionar de forma adecuada la seguridad de la información en cualquier organización.

Esta norma fue publicada originalmente como un cambio de nombre a la norma ISO 17799, la cual se basaba en un documento publicado por el gobierno del Reino Unido, que se convirtió en estándar en 1995 [Gutiérrez Amaya, dic, 12, 2013]. Esta norma describe los dominios de control y los mecanismos de control que pueden ser implementados   dentro de una organización, siguiendo las directrices que pauta la norma ISO/IEC 27001:2005, pues ambas se deben aplicar de forma complementaria.

Dentro de la norma ISO/IEC 27002:2005 se pueden encontrar descritos 11 dominios, 39 objetivos y 133 controles, los cuales están alineados para la correcta gestión de la seguridad de la información de una organización.

Actualmente, ambas normas se han actualizado a las versiones ISO/IEC 27001:2013 e ISO/IEC 27002:2013, respectivamente. La actualización de las normas introduce cambios y reorganización en los dominios de control, elimina algunos objetivos de la norma ISO/IEC 27002:2005 e introduce algunos nuevos, todo con el fin de mitigar el impacto o la posibilidad de ocurrencia de los diferentes riesgos a los cuales se encuentran expuestos los activos de la organización.

 Tal como explica Gutiérrez Amaya (2013) "Con la actualización de esta norma las organizaciones pueden encontrar una guía que sirva para la implementación de los controles de seguridad de la organización y de las prácticas más eficaces para gestionar la seguridad de la información". En este sentido, hay que mencionar que esta actualización establece una nueva organización de las categorías, las cuales se mezclan y dan pie a la creación de otras para brindar una estructura más coherente, de tal forma que en la nueva norma, se describen 14 dominios de control, 35 objetivos y 114 controles, aumentando por otra parte, los requisitos de gestión que pasan a ser 130.

Dentro de los dominios de control que describe la norma se pueden mencionar: Políticas de seguridad, aspectos organizativos de la seguridad de la información, seguridad ligada a los recursos humanos, gestión de activos, control de accesos, cifrado, seguridad física y ambiental, seguridad en la operativa, seguridad en las telecomunicaciones, adquisición, desarrollo y mantenimiento de los sistemas de información, relaciones con suministradores, gestión de incidentes en la seguridad de la información, aspectos de la seguridad de la información en la gestión de la continuidad del negocio y cumplimiento [ISO27000.es, 2013].

Una vez explorada la norma, es necesario contextualizar el radio de acción que tendrá el presente proyecto, es decir, cuál será la organización a estudiar en la que se pretende implantar el SGSI, teniendo en cuenta las normas ISO/IEC 27000 en su versión actualizada del 2013. Para ello, en el siguiente apartado se definirá el contexto de una empresa, ofreciendo la información pertinente que permita, posteriormente definir el alcance que tendrá el plan director de seguridad.

3.3. Contextualización

3.3.1. Descripción General

El presente proyecto tiene como propósito elaborar un plan que permita implantar un SGSI en una mediana empresa del sector manufacturero, que se dedica a la elaboración de colchones, almohadas y cojines de viscolástica, además de muebles para el hogar. La empresa cuenta con dos edificios en donde opera: uno en la ciudad capital donde funciona la oficina principal y otro en la provincia, donde opera la planta con la maquinaria respectiva. Este edificio cuenta también con oficinas administrativas.

3.3.2. Personal de la Empresa

En relación con el personal de la empresa, dentro de esta trabajan 450 empleados, entre el personal de planta (obrero y administrativo) y el personal en la oficina principal (administrativo y outsourcing).

3.3.3. Estructura Organizativa

La empresa está estructurada de la siguiente manera: Presidencia, Asesoramiento legal, Departamento de Recursos Humanos, Departamento de Finanzas (que abarca Importaciones, Tesorería y Contabilidad),

Departamento de Cobranza, Departamento de Ventas, Departamento de Comercio exterior (que abarca Compras, y Mercadeo y Publicidad), Departamento de Procesos y producción, Departamento de Informática y Sistemas, Contraloría (que abarca el Archivo), Control de calidad, Seguridad, Almacén y Mantenimiento.

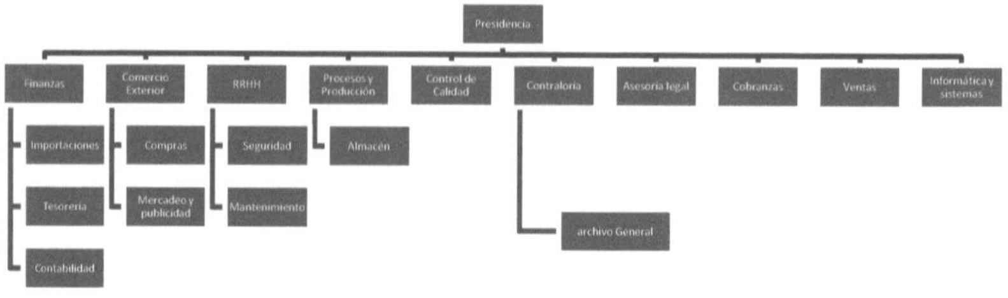

Figura 1. Organigrama de la Empresa

Elaboración propia (2014)

Presidencia junto con finanzas y recursos Humanos se encarga de tomar las decisiones importantes en cuanto a la lógica del negocio. El asesoramiento legal y parte de la seguridad física se gestiona de forma outsourcing. Por otra parte, Contraloría se encarga de implementar y ejecutar los controles y procesos necesarios con respecto a las funciones administrativas y de producción de la empresa. También tiene a su cargo el control y resguardo de la información de la empresa que se maneja a través de procesos manuales. Esta función se realiza mediante el archivo general. El departamento de informática y sistemas tiene como objetivo principal gestionar el sistema de gestión empresarial y tiene a su cargo todo lo referente a la infraestructura tecnológica. Este departamento está integrado por personal fijo y por personal outsourcing.

3.3.4. <u>Infraestructura Tecnológica</u>

En cuanto a la infraestructura tecnológica, la empresa cuenta con dos servidores que funcionan como servidor de archivo, de impresión y de correos bajo ambiente Windows (Windows Server 2008) con los cuales dan soporte a una intranet tanto para la oficina principal, como para las oficinas administrativas ubicadas en la planta. Ambas redes locales (LAN) poseen topología física en estrella (punto a punto).

En ambas oficinas se cuenta con conexión a internet mediante modem Ethernet con servicio de banda ancha y en la oficina principal se cuenta con conexión wi-fi adicional, mediante dos redes inalámbricas que difunden la misma señal ADSL (Asymmetric Digital Subscriber Line) de las dos líneas telefónicas asociadas a la empresa, además de un plan con una empresa privada. El servicio de conectividad a internet lo provee la empresa estatal a cargo del servicio tanto de redes de telefonía, como de internet y televisión digital terrestre.

Todo el personal administrativo cuenta con una estación de trabajo individual que funciona bajo ambiente Windows, específicamente Windows Seven, desde la cual acceden a un sistema de gestión empresarial y a su vez, dichas estaciones están interconectadas a la red local (intranet). También se encuentran interconectados a la red local, un escáner y una impresora. Algunas estaciones de trabajo cuentan con impresoras particulares.

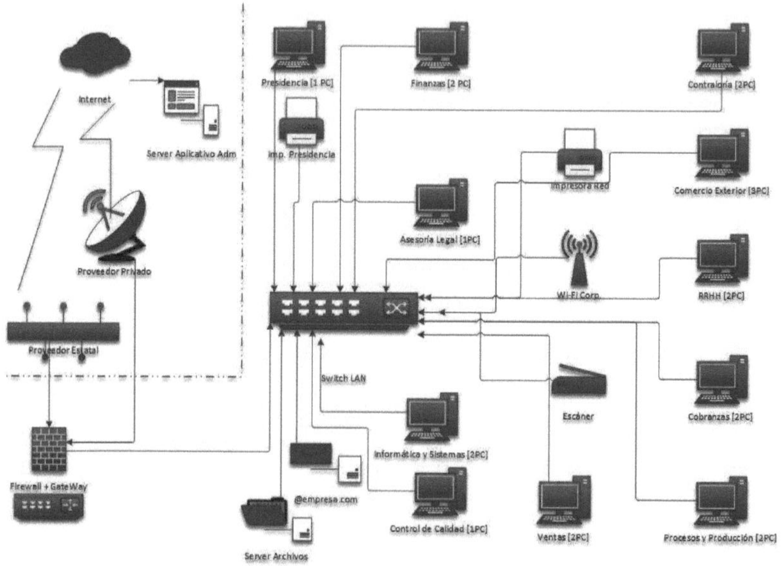

Figura 2. Diagrama de Red de la Empresa.

Elaboración propia (2014).

Tanto el personal de la empresa como los visitantes pueden tener acceso a la red wi-fi mediante dispositivos móviles (tabletas, smartphones, portátiles) y el personal puede acceder al correo empresarial a través de sus dispositivos móviles.

3.3.5. Gestión y almacenamiento de la Información: Sistema de Información

En relación con el sistema de información, la empresa cuenta con un sistema que incluye procesos manuales y procesos automatizados. Para los procesos automatizados, la empresa cuenta con un sistema para la gestión empresarial (Profit Plus), el cual opera bajo un servicio de Cloud computing contratado con una empresa privada nacional. En dicho sistema se gestiona la información de nómina, proveedores, clientes, vendedores, transacciones de compra y venta, balances de la empresa, entre otra relacionada con las operaciones de la misma.

Parte de la información en formato digital es gestionada a través del sistema Profit plus; dicha información se almacena en la nube. No obstante, también hay información relacionada con la empresa que se gestiona a nivel de la red local y se almacena en uno de los servidores. Asimismo, hay información relacionada con las funciones inherentes a cada departamento que se generan y gestionan a través de aplicaciones informáticas instaladas en cada estación de trabajo y quedan almacenadas en ellas.

La información en formato físico se gestiona de forma manual a través de cada departamento y su personal adscrito y se almacena en un archivo físico general, el cual está a cargo de la contraloría de la empresa. La información es resguardada en carpetas y organizada en estantes clasificados por área y departamento.

3.3.6. <u>Seguridad de la Organización</u>

En cuanto a la seguridad en la organización, la misma consta de controles de acceso tanto para las estaciones de trabajo como para el sistema de gestión empresarial, mediante distintos niveles de permisos según el usuario. Adicionalmente cada estación cuenta con un software antivirus y en ambos servidores se cuenta con un firewall. La organización También tiene restricción a servicios como 'Facebook' o 'YouTube' tanto para las estaciones de trabajo como para los dispositivos móviles.

En relación con la seguridad física, la empresa cuenta con un departamento de seguridad, el cual opera en la planta y se encarga de mantener la seguridad de las instalaciones. Adicionalmente se cuenta con un sistema de seguridad contra incendios y con dispositivos extintores y con una póliza de seguros patrimonial.

En la oficina principal, se cuenta con un servicio de vigilancia contratado con una empresa privada, el cual se encarga del control de acceso a las áreas como estacionamiento y oficinas.

3.3.7. <u>Alcance</u>

El alcance de este proyecto se limitó a la elaboración de un plan de implementación de la ISO/IEC 27001:2013, que asegurara tanto la información gestionada mediante los sistemas de información (automatizado y manual) como las actividades relacionadas a estos y que forman parte del modelo de negocio de una empresa. En este sentido se seleccionó una empresa en estudio –ficticia-, en la que no existe implementado un SGSI que permitiera asegurar la información que se maneja mediante procesos manuales y mediante el uso de un sistema de gestión empresarial. Dicha empresa cuenta con algunas medidas establecidas de forma aislada que no siguen ninguna planificación y a las cuales no se les realiza seguimiento ni monitorización.

Puesto que este es un proyecto con objetivos académicos, a lo largo del mismo se presentan las fases que se deberían cumplir en la implementación de un SGSI siguiendo el estándar internacional (ISO/IEC 27001:2013), pero no se ejecutaron formalmente, solo se muestran como ejemplo del procedimiento necesario para alcanzar un nivel de seguridad adecuado en una organización.

Asimismo, es necesario destacar, que los activos que se emplearon no representan todos los activos de la empresa en estudio, sino aquellos que se han considerado indispensables para el desarrollo de la actividad económica de la empresa. Por tal motivo, es factible que en la fase de análisis de riesgos, existan divergencias en determinados datos, si se compara con el proceso en una empresa real y legalmente constituida.

3.4. Objetivos del plan director

El Plan Director de Seguridad de la Información (PDSI) tiene como Objetivo principal:

Proteger el activo principal de la empresa –la información- identificando los posibles riesgos que amenacen tanto los procesos automatizados (sistema de gestión empresarial) como los procesos manuales (información en formato físico), logrando a mediano plazo, la disminución del impacto de dichas amenazas, por medio de la elaboración de un plan que permita implantar un SGSI que contenga las medidas de seguridad necesarias y adecuadas al estándar propuesto por las normas ISO/IEC 27000.

Y como objetivos específicos tiene en cuenta los siguientes:

- Conocer el estado actual de la seguridad de la información en la empresa.
- Identificar los posibles riesgos que amenacen tanto al sistema de gestión empresarial de la empresa, como a la información en formato físico, gestionada mediante los procesos manuales.
- Desarrollar una política de seguridad para el sistema de información de la empresa.
- Valorar los activos de la empresa –información- calculando además los niveles de riesgo y el impacto de las amenazas o vulnerabilidades.
- Proponer un plan de acción que permita mitigar los posibles riesgos que amenacen la información de la empresa.
- Evaluar el impacto residual de las posibles amenazas, mediante una auditoría de cumplimiento, una vez implementado el plan de acción propuesto, siguiendo las pautas que dicta la norma ISO/IEC 27002:2013.

3.5. Análisis diferencial

El análisis diferencial se realizó siguiendo lo propuesto en el plan director de seguridad y teniendo en cuenta las normas ISO/IEC 27001:2013 e ISO/IEC 27002:2013. Los resultados del análisis se organizaron en tablas para facilitar su lectura y comprensión, siguiendo la estructura de cada norma, incluyendo la aplicabilidad y el cumplimiento.

Con respecto a la norma ISO/IEC 27001:2013 se elaboraron unos puntos de verificación teniendo en cuenta la descripción de cada apartado. Para la norma ISO/IEC 27002:2013 se siguió la estructura de dominios, objetivos y controles.

Durante el proceso de análisis se contó con la colaboración y el acompañamiento de personal de la empresa y se tuvo acceso a la información requerida para verificar el cumplimiento de la norma.

A continuación se presenta un breve resumen de los hallazgos más importantes encontrados durante el análisis, los cuales están relacionados en su mayoría con el cumplimiento de buenas prácticas en seguridad de la información:

- La empresa no cuenta con un sistema de gestión de seguridad de la información. Se toman algunas medidas orientadas a proteger los sistemas informáticos y la infraestructura tecnológica, pero no se realizan controles o seguimiento de incidencia ni de cumplimiento de directrices para mejorar la seguridad de la información.
- Se han tomado algunas medidas para el control y resguardo de la información en formato físico, pero resultan insuficientes pues no se realiza identificación de riesgos, ni valoración de amenazas o vulnerabilidades.
- No hay establecida –ni escrita- una política de seguridad de la información en la empresa.

- No se ha realizado hasta el momento ningún tipo de auditoría para verificar el estado de la seguridad de la información.

- No existen medidas ni planes de acción para el tratamiento de incidentes. Los mismos se atienden y resuelven en la medida en que suceden.

- Se realizan respaldos de la información, pero no de forma sistemática y planificada, sino cuando se prevé hacer algún cambio en los sistemas automatizados.

- No se ha llevado a cabo la asignación de roles encargados de la seguridad de la información en la empresa.

Para conocer con más detalle los resultados del análisis diferencial se puede ver el documento Análisis Diferencial (Documento externo).

Finalmente a modo de resumen, seguidamente se presentarán en forma de gráfico radar, el grado de madurez de la empresa y el nivel de cumplimiento de los apartados y dominios de las normas ISO/IEC 27001:2013 e ISO/IEC 27002:2013.

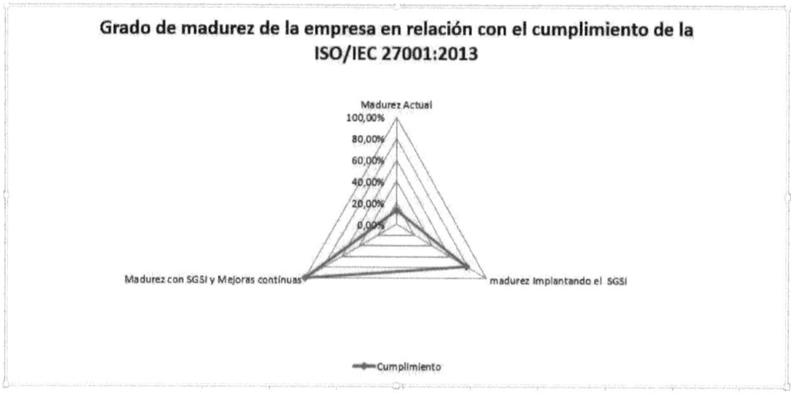

Figura 3. Grado de Madurez Actual de la Empresa.

Elaboración propia [2014].

De los 10 apartados de la norma ISO/IEC 27001:2013 se elaboraron 23 puntos de verificación que coinciden con los objetivos a lograr en cada apartado. Como puede observarse en la figura 3, al determinar el grado de madurez actual de la empresa en relación con el cumplimiento de la ISO/IEC 27001:2013, se encontró que la empresa presenta actualmente un grado de madurez de 13,04%, con respecto a un 78,26% si se implantase un SGSI y a un 100% si se aplicasen mejoras continuas.

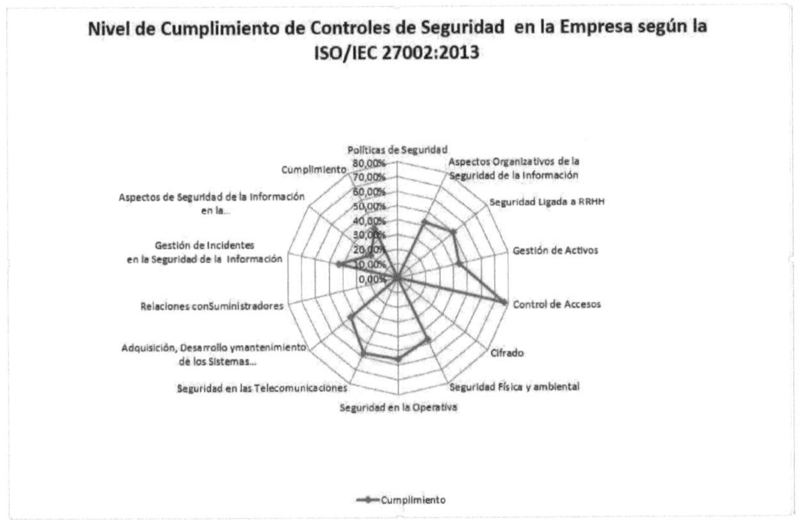

Figura 4. Resumen del análisis diferencial de la ISO/IEC 27002:2013.

Elaboración propia [2014]

Con respecto a la norma ISO/IEC 27002:2013, de los 14 dominios y sus 114 controles, se aplican 103 y se cumplen 46 del total de controles a cumplir. Como puede observarse en la figura 2, hay áreas en las que no se cumple ninguno de los controles propuestos. De esta variabilidad se puede inferir que las medidas tomadas, se han ejecutado de forma poco planificada, sin sistematización ni organización.

3.6. Resultados

Como resultados de esta fase se han podido obtener dos documentos. El primero, el plan director de seguridad, que dicta las pautas y directrices a seguir para poder gestionar de una forma adecuada la seguridad de la información. En este sentido, hay que mencionar que se pudo definir los objetivos del plan director, también se determinó el alcance del mismo y finalmente se pudo conocer el estado inicial de la seguridad de la información en la empresa, gracias al análisis diferencial ISO/IEC 27001:2013 27002:2013, que constituye el segundo documento obtenido en esta fase.

En relación con el estado inicial de la seguridad de la información en la empresa, hay que decir que los resultados muestran que la misma no cumple con los apartados y objetivos que forman parte de la norma ISO/IEC 27001:2013, ya que la empresa no cuenta con un ningún SGSI, ni se había planteado hasta el momento implantar alguno. No obstante, en relación a la norma ISO/IEC 27002:2013, los resultados indican que aunque la empresa no cuenta con un SGSI, ni con políticas de seguridad establecidas o controles sistemáticos, la empresa -con ayuda del departamento de informática y sistemas- sí ha intentado implementar algunas buenas prácticas propuestas en esta norma.

De lo anterior se puede concluir, que con la ejecución de este proyecto, la empresa no solo lograría mejoras sustanciales en la gestión de la información, sino que podría encarar en el futuro un proceso de certificación con el estándar ISO/iEC 27001:2013 con una alta probabilidad de obtener resultados favorables en el mismo.

Finalmente, como cierre de esta fase se elaboró un informe ejecutivo a modo de resumen complementario que contiene los resultados más relevantes obtenidos con las actividades realizadas.

CAPÍTULO II

4. Sistema De Gestión Documental

4.1. Importancia del Sistema de Gestión Documental en la Implantación de un SGSI

La seguridad de la información, según ISO 27001, consiste en la preservación de sus tres pilares fundamentales: confidencialidad, integridad y disponibilidad, así como de los sistemas implicados en su tratamiento o gestión en una organización [ISO27000.es, 2012]. Como ya se ha mencionado, para cumplir este objetivo se requiere un proceso sistemático, documentado y conocido por toda la organización, desde un enfoque de riesgo empresarial.

De estos aspectos cobra vital relevancia la documentación, ya que la misma además de avalar las estrategias y decisiones tomadas con respecto a la seguridad de la información dentro de la empresa, servirá de guía para la implantación del SGSI. En este sentido, haciendo una analogía con respecto a la norma ISO 9000 sobre gestión de la calidad, la documentación puede representarse gráficamente como una pirámide de 4 niveles de la siguiente forma:

- Documentos de nivel 1: Manual de seguridad: Documento que inspira y dirige todo el sistema, el que expone y determina las intenciones, alcance, objetivos, responsabilidades, políticas y directrices principales, etc., del SGSI, es decir la 'Política de Seguridad'.
- Documentos de Nivel 2: Procedimientos: documentos en el nivel operativo, que aseguran que se realicen de forma eficaz la

planificación, operación y control de los procesos de seguridad de la información ('Plan director de Seguridad').

- Documentos de Nivel 3: Instrucciones, checklists y formularios: documentos que describen cómo se realizan las tareas y las actividades específicas relacionadas con la seguridad de la información ('Sistema de Gestión Documental').

- Documentos de Nivel 4: Registros: documentos que proporcionan una evidencia objetiva del cumplimiento de los requisitos del SGSI; están asociados a documentos de los otros tres niveles como output que demuestra que se ha cumplido lo indicado en los mismos ('Informes de Auditorías de Seguridad [cumplimiento]').

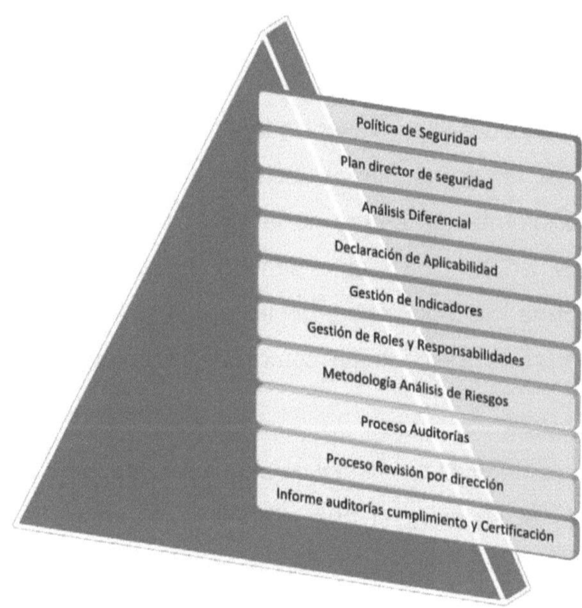

Figura 5. Representación gráfica del Sistema de Gestión Documental de un SGSI.

Tomado y Adaptado de ISO27000.es [2012].

A continuación se presentará el esquema documental utilizado en la implantación del SGSI de la empresa en estudio. Los documentos se han elaborado como anexos externos al presente documento.

4.2. Esquema Documental

Los documentos que conforman el sistema de gestión documental del SGSI implantado en la empresa de estudio son los siguientes.

4.2.1. Política de Seguridad

El estándar internacional ISO/IEC 27001, propone un conjunto de documentos (sistema de gestión documental) cuya función es dejar constancia por una parte, de las acciones y decisiones tomadas en relación con la seguridad de la información y por otra, la construcción de un sistema de gestión de la seguridad de la información (SGSI). Dentro de este conjunto de documentos se debe encontrar el documento denominado 'Política de Seguridad' que debe establecer las necesidades y requisitos de protección en el ámbito de la organización y debe ser la guía o marco para la creación de otro tipo de documento -más detallado- denominado 'Norma de Seguridad'. Formalmente debe describir que   tipo de gestión de seguridad pretende lograr la empresa y cuáles son los objetivos que se persiguen. Define lo que desea la organización a muy alto nivel, de forma genérica y a modo de declaración de intenciones sobre la seguridad de la información [Cao Avellaneda, jul 31 2008].

Es un documento que debe ser conocido por todo el personal de la empresa, por lo que deben evitarse los tecnicismos   y las ambigüedades en la redacción y debe estar disponible para todo el personal de la empresa y al igual que el resto de documentos que forman parte del sistema de gestión documental del SGSI, debe ser revisado periódicamente y aprobado por la directiva de la organización [Ver documento Política de Seguridad].

4.2.2. <u>Gestión de Indicadores</u>

Todo sistema de gestión de seguridad informática debe contar con un método que le permita a la directiva de la empresa, dar respuestas ante los interrogantes relacionados con la eficiencia y la efectividad del SGSI, además de permitir determinar el nivel de implementación y madurez alcanzado con su implantación. Este método –conformado por una serie de mediciones- permitirá conocer y comparar los logros alcanzados en la seguridad de la información en áreas similares de la empresa, lo cual facilitará la toma de decisiones por parte de la directiva en temas relacionados con la seguridad de la información, el mejoramiento continuo del SGSI y con la lógica del negocio.

Como guía para poder determinar un adecuado método de mediciones, la norma ISO/IEC 27001 tiene asociada la norma ISO 27004, la cual incluye la información necesaria para que una empresa pueda desarrollar las guías que aseguren, aclaren y documenten la relación existente entre el SGSI y las mediciones a realizar.

Estas mediciones o procesos de medición tienen como objetivo:

- Evaluar la efectividad de la implementación de los controles de seguridad.
- Evaluar la eficiencia del SGSI y sus continuas mejoras.
- Proveer estados de seguridad que guíen las revisiones del SGSI facilitando mejoras a la seguridad y nuevas entradas para auditar.
- Comunicar valores de seguridad a la organización
- Servir como entradas al plan de análisis y tratamiento de riesgos.

No obstante, para alcanzar estos objetivos hay que elaborar un modelo adecuadamente documentado el cuál debe ser aprobado por la directiva de la empresa y debe ser incluido dentro del sistema de gestión documental del SGSI. Por esta razón y por lo antes expuesto, se ha tenido en cuenta para la elaboración del presente documento, los estándares propuestos por la norma ISO 27004, para lo cual se adoptaron las fases definidas en el estándar para el establecimiento y puesta en operación de un programa de medición.

Finalmente, con objeto de favorecer la mejora continua tanto del programa como de dicho documento, se incluye una tabla para el control de versiones y aprobación del mismo, por parte de la directiva de la empresa y el comité de seguridad [Ver documento Gestión de Indicadores].

4.2.3. <u>Gestión de Roles y Responsabilidades</u>

La norma ISO/IEC 27001:2013 indica que todo sistema de gestión de seguridad de la información debe contar con un documento en donde se identifiquen los roles y responsabilidades asociados a los procesos del negocio. En este sentido es importante destacar, que no debe haber procesos del negocio sin roles o responsabilidades asociados, pues eso podría indicar que dicho proceso no está operativo o que no ha sido incluido dentro del SGSI, en cuyo caso habría que justificar por qué no ha sido tenido en cuenta. De igual forma, no deberían existir roles con más de un responsable, pues eso podría llevar a confusión con respecto a quien debe encargarse de dicho rol, aunque pudiera darse el caso de que roles complejos cuenten con la asignación de un supervisor con objeto de gestionar mejor las responsabilidades asignadas.

Puesto que este documento se ha elaborado como parte del sistema de gestión documental del SGSI a implantar siguiendo la norma ISO/IEC 27001:2013, se ha utilizado como base para la definición de roles y responsabilidades, los dominios, objetivos y controles propuestos en el anexo A de la norma (ISO/IEC 27002:2013) teniendo en cuenta, aquellos que se adecuan a los procesos y áreas de la empresa donde el activo principal y de mayor valor es la información.

Por otra parte, se incluyó en este documento la conformación del comité de seguridad, para lo cual se adoptó una jerarquía de niveles para determinar los roles del comité, similar a la utilizada por Control Objectives for Information and Related Technology (COBIT) [ISACA, 2014], indicando además, cuál es su responsabilidad dentro del comité y en relación con el SGSI [Ver documento Gestión de Roles y Responsabilidades].

4.2.4. <u>Metodología de Análisis de Riesgos</u>

Una de las fases ineludibles de toda implementación de un SGSI en una empresa es el análisis de riesgos. En esta fase, no solo se identifican los riesgos probables o posibles, sino que se busca cuantificar el impacto que tendrán dichos riesgos sobre los activos de la empresa, además de conocer qué tan seguros o inseguros son los sistemas que dan soporte al modelo de negocio.

Puesto que esta tarea representa -en muchos casos- un reto debido a la complejidad de los problemas a los que se enfrenta cualquier empresa para tratar de mitigar el impacto que ocasionan determinados riesgos, se hace indispensable seleccionar un método que permita hacer esta evaluación de la forma más rigurosa y sistemática posible.

En este sentido, para la fase de análisis de riesgos del SGSI implementado en la organización, se ha escogido MAGERIT, ya que es una metodología que procura brindar una aproximación metódica alejada de improvisaciones o interpretaciones particulares de cualquier analista.

A lo largo de este documento se presentan el alcance y las actividades que se deberán realizar para llevar a cabo el análisis de riesgo siguiendo la metodología MAGERIT.

Tal como el resto de documentos que conforman el sistema de gestión documental del SGSI implantado, éste debe ser aprobado por el comité de seguridad y debe ser sometido a una revisión periódica de tal forma que se mantenga actualizado y alineado con los procesos del modelo de negocio de la empresa [Ver documento Metodología Análisis de Riesgos].

4.2.5. Declaración de Aplicabilidad

La norma ISO/IEC 27001:2013 exige que dentro de la documentación propia de todo SGSI debe incluirse un documento que contenga la declaración de aplicabilidad de los controles propuestos en la guía de buenas prácticas en seguridad de la información, norma ISO/IEC 27002:2013   –anexo A de la norma-.

Esta declaración de aplicabilidad no es más que la indicación de los controles de seguridad de la información que se aplican al modelo de negocio y al SGSI, cuales se han de implementar y cuales no se implementarán y por qué. Tal como otros documentos del sistema de gestión documental, éste debe ser aprobado por el comité de seguridad de la empresa y deberá ser revisado periódicamente con el fin de mantenerlo actualizado en función del modelo y los procesos del negocio. Se debe recordar que este documento es un elemento fundamental para la implementación de un SGSI y que la selección de los controles aplicables forma parte del tratamiento de riesgos que toda organización debería considerar si uno de sus objetivos es proveer de seguridad a la información [Ver documento Declaración de Aplicabilidad].

4.2.6. Proceso Revisión por Dirección

Uno de los requisitos de implantación de un SGSI es que esté alineado a la lógica y el modelo de negocio de la empresa donde va a funcionar. En este sentido, dentro de los estándares internacionales se han incluido controles asociados a apartados y dominios específicos de la organización, pues se entiende que para que un SGSI sea exitoso, es necesario que haya un compromiso por parte de la directiva de la empresa.

Como muestra de ese compromiso y alineamiento con el modelo de negocio, está el documento denominado 'Proceso de Revisión por Directiva'. Este documento no solo representaría un compromiso serio por parte de la directiva en relación con el SGSI y una oportunidad de plantear mejoras continuas al mismo, sino que es un requisito del estándar internacional ISO/IEC 27001:2013, que debe formar parte del sistema de gestión documental del SGSI.

Además de lo antes mencionado, el documento de proceso de revisión por dirección también representa una garantía con respecto al compromiso de revisión y mejora continua en la seguridad de la información y el SGSI implantado, que toda empresa debería asumir de cara a una futura certificación.

Finalmente, este documento tiene como objeto facilitar el seguimiento del desempeño de la seguridad de la información de la empresa y la evaluación del SGSI por parte de representantes de la directiva de la empresa, por lo que se ha redactado de forma sencilla y sin tecnicismos, ya que lo que se busca es evaluar desde un enfoque organizacional y no técnico [Ver documento Proceso Revisión por Dirección].

4.2.7. Proceso de Auditorías

Entre los requisitos de un SGSI, se encuentra la revisión y mejora continua. Es por ello, que dentro de las fases de implantación de un SGSI se incluyen auditorías internas de seguridad, como un mecanismo que permita conocer y evaluar el estado del desempeño de la seguridad de la información y la eficiencia del SGSI, para posteriormente tomar decisiones con respecto a la implementación de mejoras y correctivos. Para ejecutar esta fase eficientemente, se cuenta con elementos como el plan de auditoría, el cual constituye la base fundamental de todo proyecto de auditoría, ya que, de estar bien realizado permitirá garantizar el éxito del mismo.

Esto se debe por una parte a que, tal como señala Rafael Esteban de Quesada (2009): "El plan de auditoría deberá estar aprobado tanto por el jefe del equipo auditor como por parte de la entidad auditada". Esto evita sin duda que durante o al momento de concluir el proceso de auditoría, se presente alguna disconformidad o insatisfacción por parte del auditado. Por otra parte, dicho documento constituye la guía a emplear para coordinar las acciones a ejecutar por parte del equipo auditor y la empresa auditada; es decir, será el puente entre ambas partes al momento de planificar, programar las pruebas a realizar y gestionar las autorizaciones que sean necesarias para la realización de la auditoría. Un fallo en esta coordinación traería como consecuencia el fracaso en mayor o menor medida del proceso de auditoría. En este sentido, en virtud de evitar tropiezos durante el proceso, el equipo auditor deberá definir el plan, teniendo en cuenta para ello la determinación (con la mayor precisión posible) de los siguientes aspectos:

- Plazos temporales:

Dentro de los cuales se debe incluir:

a.   Fechas de inicio y fin de los periodos de prueba.

b.   Periodos del día para realizar las pruebas.

c.   Periodicidad del plan de auditoría. (La periodicidad convierte el plan en un programa de auditoría).

- Procedimientos de comunicación con los responsables de proyecto en el auditado, especialmente para la comunicación del descubrimiento de vulnerabilidades críticas o situaciones de fraude.

- Inventariado de las políticas corporativas que afecten a la auditoría y que van a ser comprobadas por el proceso de auditoría.

- Documentación de las pruebas que se van a realizar indicando A SU VEZ:

- Objetivo de la prueba: Identificación del requisito de las políticas de seguridad del auditado o del requisito del catálogo de buenas prácticas a auditar.

Nota: en esta fase el equipo auditor debería estudiar las políticas y catálogos de buenas prácticas que sean de aplicación en el alcance de la auditoría.

- Modo en que se realizará la prueba: descripción, al menos somera, del procedimiento y técnicas de auditoría que se aplicarán para comprobar el o los requisitos auditados.

- Herramientas o requisitos específicos necesarios para realizar la prueba.

Lo antes mencionado persigue evitar por un lado que existan tropiezos (falta de colaboración, descoordinación, falta de información, entre otros) durante el proceso de la auditoría y por el otro, el desvío del proceso hacia objetivos que no estuviesen contemplados dentro del alcance del proyecto o de la intención del auditado [Ver documento Proceso de Auditorías].

4.3. Resultados

Como resultado de esta fase se han obtenido 7 documentos, los cuales conforman el sistema de gestión documental del SGSI que se pretende implementar en la empresa en estudio. Es importante destacar que se ha tenido en todo momento el acompañamiento y colaboración por parte de la directiva y el personal de la empresa.

CAPÍTULO III

5. Análisis diferencial

5.1. Inventario de activos

Antes de comenzar con la fase de análisis de riesgos propiamente dicha, resulta necesario identificar qué es lo que se va a analizar. Para ello, es muy útil contar con un inventario de activos que posea la información necesaria para poder analizar de una forma adecuada el riesgo que podrían correr dichos activos frente a amenazas determinadas.

En el caso de la empresa en estudio, se ha elaborado un catálogo de activos que los identifica, clasifica e indica la relación de dependencia entre los activos. Para elaborar este catálogo, se ha utilizado la ficha técnica propuesta en el documento 'metodología de análisis de riesgos'. Durante este proceso se logró identificar 60 activos relacionados con los sistemas de información tanto automatizado como manual.

Es importante destacar que el campo 'recursos financieros asociados', presente en la ficha técnica de los activos, hace referencia al valor económico del activo, el cual se calculó teniendo en cuenta los siguientes aspectos:

- Coste de reposición (adquisición e instalación).
- Coste de mano de obra especializada (recuperación del activo).
- Pérdida de ingresos.

- Disminución en la capacidad de operar (pérdida de confianza).
- Sanciones legales o contractuales.
- Daños a otros activos (propios o de terceros).
- Daño a personas.
- Daño ambiental.

Para obtener información detallada sobre cada activo identificado se puede consultar el documento 'catálogo de activos'. No obstante, con objeto de facilitar la comprensión de la metodología empleada para realizar el análisis de riesgos de la empresa en estudio, en particular en este apartado la valoración de activos, a continuación se muestra la ficha técnica tomando como ejemplo el activo esencial 'Credibilidad'.

Tabla 1. Ficha técnica del activo 'Credibilidad'.

Credibilidad.	
Descripción:	Grado de confianza de clientes y proveedores de la empresa
Nivel::	Superior
Dependencia:	Activos información
Tipo:	Esencial
Servicios asociados:	Procesos del negocio
Software o aplicaciones que lo gestionan:	No aplica
Hardware que lo soporta:	No aplica
Comunicaciones asociadas:	Comunicación organizacional externa
Responsable/operador:	No aplica
cantidad:	No aplica
Recursos físicos asociados:	Oficinas, planta producción
Recursos Financieros asociados:	500.000 €.

5.2. Valoración de los Activos

Para llevar a cabo el proceso de valoración de activos, como fuente de entrada se ha utilizado la información incluida en el documento 'catálogo de activos' –ver ficha técnica en el apartado anterior- y para la valoración del activo en sí, se ha empleado por una parte, la escala de valoración de activos propuesta en el documento 'metodología de análisis de riesgos' con base en el valor económico del activo. A continuación se muestra dicha escala.

Tabla 2. Escala para la valoración de los activos.

Valoración de Activos			
ID	Descripción	Escala porcentual	Valor en €
MA	Muy Alto	90%	500.000-250.000 €
A	Alto	75%	249.999-50.000 €
M	Moderado	50%	49.999-5.000 €
B	Bajo	25%	4.999-500 €
MB	Muy Bajo	15%	499-100 €
D	Despreciable	5%	99-0 €

Asimismo, se ha determinado el grado de dependencia del activo, para lo cual se ha utilizado la escala propuesta en el documento 'metodología de análisis de riesgos', la cual se muestra a continuación.

Tabla 3. Escala para la determinación del grado de dependencia de un activo.

Grado de dependencia	Valor	Descripción	Explicación de la valoración
90%	0,90	Dependencia Muy alta	El activo se degrada casi totalmente con ataques en sus activos de orden inferior
75%	0,75	Dependencia alta	El activo sufre daños considerables con ataques a sus activos de orden inferior
50%	0,50	Dependencia Moderada	El activo sufre daños medianamente recuperables si se ataca a sus activos de orden inferior.
25%	0,25	Dependencia baja	El activo sufre daños completamente recuperables si se ataca a sus activos de orden inferior.
10%	0,10	Dependencia Despreciable	El activo prácticamente no sufre daños si se ataca a sus activos de orden inferior

Por otra parte, para la valoración ácida –valor por dimensión– se ha empleado la escala de valoración por dimensión propuesta en el documento citado anteriormente. En el siguiente apartado se tratará detalladamente las dimensiones en las cuales se han valorado los activos y se mostrará la escala utilizada en el proceso.

5.3. Dimensiones de Seguridad

Para facilitar la valoración de los activos –paso importante a seguir luego de su identificación– y conocer el coste que supondría la recuperación de una incidencia sobre los mismos, se han tenido en cuenta las siguientes dimensiones de seguridad:

- Confidencialidad: perjuicio que ocasionaría que el activo lo conozca alguien que no debe.
- Integridad: perjuicio de que el activo esté dañado o corrupto.
- Disponibilidad: perjuicio de no tener el activo o no poder utilizarlo.
- Autenticidad: Perjuicio de no conocer quién es el autor de alguna acción sobre el activo o del activo mismo.
- Trazabilidad: perjuicio de no conocer a quien se le presta el activo –servicio–, qué hace con él y cuando lo hace; y perjuicio de no conocer quien accede a determinados activos y qué hace con ellos.

Por otra parte, para la valoración por dimensión se ha empleado la siguiente escala:

Tabla 4. Escala para la valoración de activos por dimensión de seguridad.

Valoración por Dimensión de Seguridad		
ID	Valor	Criterio
MA	10	Daño muy grave a la organización
A	7-9	Daño grave a la organización
M	4-6	Daño importante a la organización
B	3-1	Daño menor a la organización
D	0	Daño irrelevante a la organización

5.4. Tabla resumen de Valoración

Como resumen de las actividades realizadas en la valoración de activos, se elaboró un documento independiente en formato hoja de cálculo. Para la organización de los activos en dicho documento se adoptó la clasificación propuesta por MAGERIT en el documento 'catálogo de elementos' que también ha sido propuesta en el documento 'metodología de análisis de riesgos'. De tal forma, que se ha obtenido un recurso en formato hoja de cálculo, con una hoja por cada categoría que contiene la valoración con la información especificada para cada activo. Cada hoja representa una tabla que refleja por cada activo su nivel de criticidad, su valor en cada dimensión de seguridad, la dependencia –indicando activo del que depende y grado de dependencia- y el tipo de activo que es (hardware, software, interfaz, datos, personal, servicio o misión). Para la elaboración de esta tabla se ha utilizado la matriz propuesta en el documento citado anteriormente.

A continuación se muestra un ejemplo de la tabla utilizando el activo credibilidad. Para ver en detalle la tabla resumen de valoración de activos – organizada por categorías- puede consultarse el documento 'modelo valor activo'.

Tabla 5. Tabla resumen de valoración de activos con información sobre el activo credibilidad.

ID	Activo	Criticidad	Valor por Dimensión					Dependencia		Categoría de Activos						
			C	I	D	A	T	Activo del que Depende	Grado de Dependencia	Hardware	Software	Interfaces	Datos	Personal	Servicio	Misión
C	Credibilidad	10	8	10	10	8	8	A. Información	0,9							X

5.5. Análisis de amenazas

Para llevar a cabo el análisis de las amenazas, en primer lugar se realizó una clasificación de las mismas teniendo en cuenta las categorías o bloques que propone MAGERIT en el documento 'catálogo de elementos': D. Desastres naturales, I. origen Industrial, A. Ataques intencionales y E. Errores o fallas no intencionales.

Partiendo de estos bloques se han ubicado las amenazas reportadas por personal de la empresa, con lo cual se han obtenido finalmente 10 tipos de amenazas: Desastres naturales, falla en instalaciones, ataques físicos, ciberataques, espionaje industrial, fallas en recursos software, fallas en equipos informáticos, falla en servicios, robo y hurto.

Tal como se indica en el documento 'metodología de análisis de riesgos', se ha determinado el origen de la amenaza (natural, humana o del entorno), se ha determinado el origen (accidental o deliberada) y se han indicado el motivo y las probables acciones.

Por otra parte, se valoraron las amenazas en dos sentidos: Teniendo en cuenta el grado de degradación sobre el activo y la frecuencia de ocurrencia.

Para esta actividad se ha utilizado la escala cualitativa propuesta en el documento 'metodología de análisis de riesgos', la cual relaciona la criticidad con la probabilidad de ocurrencia y la certeza y que se muestra a continuación.

Tabla 6. Escala para la valoración de las amenazas.

Criticidad	Certeza de Ocurrencia	Frecuencia de ocurrencia	Frecuencia en días	Valor
Crítica	Seguro	Extremadamente Frecuente	365/365	1
Muy Alta	Casi Seguro	Muy Frecuente	52/365	0,142466
Alta	Muy Probable	Frecuente	12/365	0,032877
Moderada	Posible	Poco Frecuente	4/365	0,010959
Baja	Poco Probable	Muy Poco Frecuente	2/365	0,005479
Muy Baja	No Es Seguro	Despreciable	1/365	0,002740

Finalmente, la información de estimación de las amenazas puede encontrarse en un documento aparte, denominado 'mapa de amenazas-impacto potencial' el cual es un documento en formato hoja de cálculo que contiene la matriz propuesta en el documento 'metodología de análisis de riesgos' para dicha estimación. A modo ilustrativo, a continuación se muestra la hoja que contiene la información de la estimación.

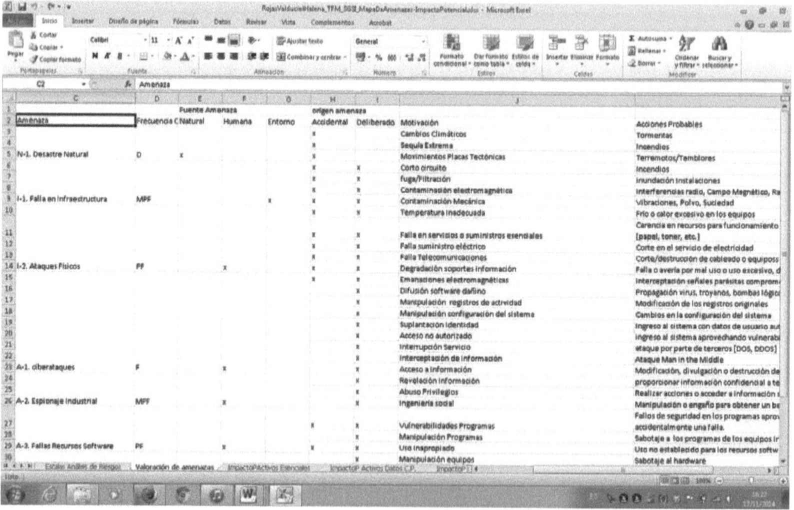

Figura 6. Recurso que contiene la estimación de las amenazas.

Elaboración propia [2014].

5.6. Impacto Potencial

Una vez realizada la valoración de activos y de amenazas se llevó a cabo la determinación del impacto potencial de dichas amenazas sobre los activos. Para realizar este paso se utilizó la escala de valoración de impactos propuesta en el documento 'metodología de análisis de riesgos' obteniéndose un valor decimal para cada activo por cada amenaza, el cual se utilizó posteriormente para el cálculo del riesgo intrínseco –potencial- de la misma manera, para cada activo y por cada amenaza. La escala utilizada se muestra a continuación.

Tabla 7. Escala para la valoración del impacto potencial para cada activo.

Valoración del Impacto Potencial				
ID	Descripción	Dimensiones Afectadas	Porcentaje Degradación	Valor
C	Crítico	5	90%	0,90
A	Alto	4	75%	0,75
M	Moderado	3	50%	0,50
B	Bajo	2	25%	0,25
MB	Muy Bajo	1	15%	0,15

Seguidamente, a modo ilustrativo, se muestran los resultados del cálculo del impacto potencial para el activo 'credibilidad'

Tabla 8. Resultados del cálculo del impacto potencial para el activo credibilidad por cada amenaza estimada.

	Credibilidad	
	Frecuencia	Impacto
N-1. Desastre Natural	D	0,5
I-1. Falla Infraestructura	MPF	0,5
I-2. Ataque Físico	PF	0,75
A-1. Ciberataque	F	0,75
A-2. Espionaje Industrial	MPF	0,9
A-3. Falla Recursos software	PF	0,75
A-4. Falla Equipos Informáticos	PF	0,75
A-5. Robo	PF	0,75
A-6. Hurto	F	0,9
E-1. Falla Servicios	F	0,75

Los resultados del impacto potencial para cada activo y por cada amenaza pueden consultarse en el documento 'mapa de amenazas-impacto potencial' que es un documento en formato hoja de cálculo, organizado teniendo en cuenta a las categorías de los activos para facilitar el acceso a la información.

Por otro lado, para el cálculo del riesgo intrínseco o potencial, se ha utilizado la escala para la valoración de frecuencia de ocurrencia de   amenazas, la cual posee un valor decimal que se calcula teniendo en cuenta la frecuencia de ocurrencia de una amenaza a lo largo de un año –expresado en días-, la cual se muestra en la tabla N° 6.

Adicionalmente, como valores de entrada, se han utilizado el impacto potencial –calculado previamente- y el recurso financiero asociado que se incluye en la ficha técnica de cada activo y que corresponde a su valor en moneda. Seguidamente el cálculo del riesgo se realiza llevando a cabo la siguiente operación:

Riesgo Potencial = Valor del activo x Frecuencia de ocurrencia X Impacto potencial

De esta forma, se obtiene un resultado para el cálculo del riesgo intrínseco – potencial- por cada activo identificado y por cada amenaza.   Con fines prácticos, se ha elaborado un documento en formato hoja de cálculo, siguiendo como ejemplo la matriz propuesta en el documento 'metodología de análisis de riesgos'. A modo ilustrativo se muestra un ejemplo de dicha matriz para el activo 'credibilidad'.

Tabla 9. Resultados del cálculo del riesgo intrínseco para el activo credibilidad.

	Credibilidad		
	Valor	Frecuencia	Impacto
N-1. Desastre Natural	500.000,00 € 684,93 €	0,002740	0,5
I-1. Falla Infraestructura	500.000,00 € 1.369,86 €	0,005479	0,5
I-2. Ataque Físico	500.000,00 € 4.109,59 €	0,010959	0,75
A-1. Ciberataque	500.000,00 € 12.328,77 €	0,032877	0,75
A-2. Espionaje Industrial	500.000,00 € 2.465,75 €	0,005479	0,9
A-3. Falla Recursos software	500.000,00 € 4.109,59 €	0,010959	0,75
A-4. Falla Equipos Informáticos	500.000,00 € 4.109,59 €	0,010959	0,75
A-5. Robo	500.000,00 € 4.109,59 €	0,010959	0,75
A-6. Hurto	500.000,00 € 14.794,52 €	0,032877	0,9
E-1. Falla Servicios	500.000,00 € 12.328,77 €	0,032877	0,75

La información detallada, correspondiente al cálculo del riesgo potencial puede consultarse en el documento 'valoración riesgo potencial'. Este documento se ha organizado utilizando las categorías de los activos de tal forma que resulte más sencillo acceder a los datos.

5.7. Nivel de Riesgo aceptable y riesgo Residual

Luego de haber calculado el impacto y el riesgo potencial de cada amenaza sobre cada activo, se ha puesto a consideración de la directiva de la empresa, la decisión de elegir cual es el nivel de riesgo aceptable que la empresa en estudio está dispuesta a asumir.

En este sentido, para la determinación del riesgo aceptable en el caso de la empresa en estudio, se tuvieron en cuenta -como criterios de decisión- el porcentaje de degradación de un activo y el valor en términos financieros que representa este porcentaje de degradación. La escogencia de estos criterios estuvo en manos de la directiva de la empresa en estudio, la cual empleó como punto de partida, la escala de valoración de activos propuesta en el documento 'metodología de análisis de riesgos' y que se muestra en la tabla N° 2.

Finalmente, la directiva decidió que como riesgo aceptable se tendrían aquellos valores que no superen el valor de la escala establecido en 25% 'nivel de criticidad bajo' lo que representa un límite de 4.999 €; es decir, para todos aquellos activos que representen un riesgo igual o menor a 4.999 € la directiva de la empresa no considera indispensable implementar contramedidas para mitigar el riesgo asociado.

Por otra parte, en relación con el riesgo residual, se ha llevado a cabo –en primer lugar- la evaluación de las salvaguardas existentes en la empresa en estudio, para lo cual se utilizó la matriz propuesta en el documento metodología de análisis de riesgos'. Esta evaluación se realizó teniendo en cuenta los siguientes aspectos: Eficiencia y madurez, además de indicar si actúa disminuyendo la frecuencia de ocurrencia o el impacto. Para ello, se elaboró un documento en formato hoja de cálculo denominado 'evaluación de salvaguardas' en el cual se han incluido las salvaguardas identificadas en la empresa en estudio y se ha seguido la categorización propuesta por MAGERIT en el documento 'catálogo de elementos'. Asimismo se ha empleado la escala propuesta en el documento 'metodología de análisis de riesgos'.

A continuación se muestra la hoja de cálculo que contiene la estimación de las salvaguardas.

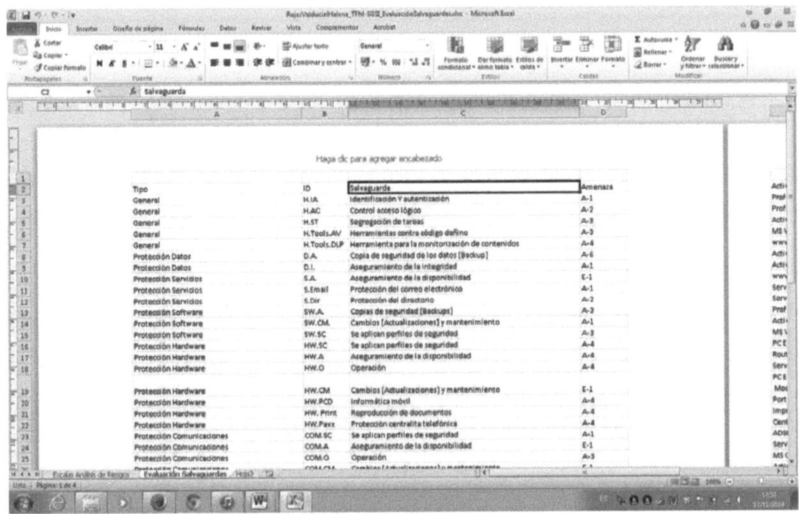

Figura 7. Evaluación de las salvaguardas identificadas.

Elaboración propia [2014].

Una vez realizada la evaluación de salvaguardas y teniendo en cuenta el riesgo aceptable determinado por la directiva, se procedió a calcular el riesgo residual.

Este proceso se llevó a cabo teniendo en cuenta por una parte, la evaluación de las salvaguardas identificadas, las cuales inciden -según el caso- en la frecuencia de ocurrencia o en el impacto sobre el activo, lo que explica que se hayan obtenido valores de frecuencia residual e impacto residual en algunos casos.

Estos valores se han calculado utilizando el porcentaje de eficiencia de la salvaguarda –que puede consultarse en el documento 'evaluación de salvaguardas'- utilizando las siguientes expresiones:

Frecuencia residual (Frecuencia R)= Frecuencia ocurrencia x Eficiencia salvaguarda

Impacto Residual (Impacto R) = Impacto potencial x Eficiencia salvaguarda

Puesto que el riesgo residual aceptado se estableció en 25%, se estableció para el resto de activos que no están bajo la acción de ninguna contramedida un porcentaje de eficiencia de salvaguardas igual al 75% (valor 0,75) para realizar el cálculo del riesgo residual. Es decir, las contramedidas o controles de seguridad que se propongan para el tratamiento de los riesgos en el plan de tratamiento de riesgos, deberán mitigar al menos en un 75% el impacto de las amenazas sobre dichos activos.

A modo ilustrativo se muestra los resultados obtenidos del cálculo del riesgo residual para el activo 'credibilidad'.

Tabla 10. Resultados del cálculo del riesgo residual para el activo credibilidad.

	Credibilidad		
	Valor	Frecuencia	Impacto
	500.000,00 €	0,002740	0,38
N-1. Desastre Natural	513,70 €		
	500.000,00 €	0,005479	0,38
I-1. Falla Infraestructura	1.027,40 €		
	500.000,00 €	0,010959	0,56
I-2. Ataque Físico	3.082,19 €		
	500.000,00 €	0,032877	0,56
A-1. Ciberataque	9.246,58 €		
	500.000,00 €	0,005479	0,68
A-2. Espionaje Industrial	1.849,32 €		
	500.000,00 €	0,010959	0,56
A-3. Falla Recursos software	3.082,19 €		
	500.000,00 €	0,010959	0,56
A-4. Falla Equipos Informáticos	3.082,19 €		
	500.000,00 €	0,010959	0,56
A-5. Robo	3.082,19 €		
	500.000,00 €	0,032877	0,68
A-6. Hurto	11.095,89 €		
	500.000,00 €	0,032877	0,56
E-1. Falla Servicios	9.246,58 €		

Los datos detallados, obtenidos en este procedimiento se pueden consultar en el documento 'valoración de riesgo residual', que se ha elaborado en formato hoja de cálculo y que tiene el mismo formato que el ya utilizado para el cálculo del riesgo potencial.

5.8. Resultados

Como resultado luego de la ejecución de esta fase se ha obtenido lo siguiente:

- **Catálogo de Activos**: Documento independiente con el inventario de los activos que entran dentro del alcance del SGSI y que están relacionados con los sistemas de información de la empresa en estudio.

- **Modelo de valor de los activos**: Documento Independiente que contiene la tabla resumen de la valoración de los activos que muestra la valoración por dimensión de seguridad, la dependencia y el grado de dependencia de cada activo.

- **Mapa de Amenazas**: Incluido en el documento mapa de amenazas-impacto potencial, que clasifica las amenazas y las valora en términos de frecuencia de ocurrencia, ofreciendo información detallada sobre cada amenaza con objeto de facilitar el posterior cálculo del impacto y riesgo potencial.

- **Valoración del Impacto Potencial**: Cálculo del impacto de cada amenaza sobre cada activo teniendo en cuenta la frecuencia de ocurrencia y el porcentaje de degradación del activo. Dichos datos en conjunto con el mapa de amenazas constituyen un documento independiente denominado 'mapa de amenazas-impacto potencial'.

- **Valoración del Riesgo Potencial**: Valoración del riesgo intrínseco de cada activo, teniendo en cuenta la acción de cada amenaza identificada en términos de frecuencia de ocurrencia y porcentaje de degradación. Dichos datos conforman un documento independiente denominado 'valoración riesgo potencial'.

- **Evaluación de Salvaguardas**: Documento independiente que contiene la información obtenida en este proceso acerca de la eficiencia y madurez de las salvaguardas identificadas en la empresa en estudio. Adicionalmente se indica sobre qué aspecto actúa la salvaguarda: disminuyendo el impacto o la frecuencia de ocurrencia.

- **Valoración del Riesgo Residual**: Documento independiente que contiene los cálculos de dicho parámetro teniendo en cuenta los datos (eficiencia) obtenidos en el proceso de evaluación de salvaguardas y el nivel de riesgo aceptable definido por la directiva de la empresa en estudio.

- **Reporte Análisis de Riesgos**: Documento concreto que resume con puntos de verificación y una breve explicación los resultados y conclusiones de la fase ejecutada. Adicionalmente muestra un análisis a modo de ejemplo de cuáles serían las amenazas más significativas para el sistema de información, para lo cual se utilizaron los datos de la valoración del riesgo potencial y residual del activo esencial con mayor valoración para la empresa: la Credibilidad. Este es un documento dirigido al comité de seguridad y a la directiva de la empresa, que debe ir acompañado por el resto de documentos mencionados anteriormente.

Adicionalmente, se pudo determinar que una de las dimensiones que podría verse más afectadas es la disponibilidad en términos generales para la mayoría de los activos y que de las amenazas identificadas, las que reflejan mayor impacto sobre uno de los activos esenciales más importante – Credibilidad de la Empresa- son: A-5. Hurto, A-1. Ciberataques, E-1. Falla en servicios, I-2. Ataques físicos y A-3. Falla en recursos software. Dichas amenazas superan el nivel de riesgo aceptable establecido por la directiva de la empresa en estudio. Esta es una situación que podría verse reflejada en otros activos del sistema, por lo que se considera necesario elaborar un plan de tratamiento de riesgos que permita mejorar el estado actual de la seguridad de la información de la empresa en estudio.

Por último, para ver en detalle como contribuyen estas amenazas al riesgo del sistema, puede consultarse el documento 'reporte de análisis de riesgos' donde se muestran 2 diagramas de Pareto elaborados con la información del activo esencial 'Credibilidad' teniendo en cuenta tanto el riesgo potencial como el riesgo residual.

CAPÍTULO IV

6. Plan de Acción para el Tratamiento de Riesgos y Mejora de la Seguridad de la Información

6.1. Situación de los activos de información antes de implementar las propuestas

Una vez culminada la fase de análisis de riesgos, se llegó a la conclusión de que era necesario implementar salvaguardas adicionales a las existentes, además de mejorar el nivel de madurez de éstas, con objeto de reducir el riesgo de ciertos activos de información que se encuentran fuera del rango de nivel de riesgo aceptable, además de mejorar el estado de la seguridad de la información en la empresa en términos generales, de cara a una futura certificación de la ISO/IEC 27001.

Partiendo de estas premisas y teniendo en cuenta la información obtenida en el análisis de riesgos, para elaborar un plan de acción para el tratamiento de riesgos que se ajustase a las necesidades de la empresa se realizó un análisis de la situación de los activos en relación con los niveles de riesgo y las amenazas identificadas. Esto con objeto de dibujar un panorama general que permitiese por un lado, la escogencia de un conjunto de medidas que realmente fuesen las más adecuadas al caso y por otro, que posteriormente la directiva de la empresa pudiese llevar a cabo la toma de decisiones de forma más sencilla y expedita.

Para ello se elaboró una escala de riesgos, teniendo en cuenta los criterios utilizados por la directiva para determinar el riesgo aceptable. La escala finalmente quedó de la siguiente manera.

Tabla 11. Escala para la valoración del nivel de riesgo por activo.

Escala para la valoración De Riesgos				
ID	Escala	Degradación	Valor en €	Explicación
C	Crítico	90%	500.000-250.000 €	Es un riesgo muy importante con muy alto impacto
MA	Muy Alto	75%	249.999-50.000 €	Es un riesgo muy importante con alto impacto
M	Moderado	50%	49.999-5.000 €	Es un riesgo importante con impacto moderado
A	Aceptable	25%	4.999-500 €	Es un riesgo moderado con impacto manejable
B	Bajo	10%	499-100 €	Es un riesgo leve con muy poco impacto
D	Despreciable	5%	99-0 €	Es un riesgo insignificante con muy poco impacto

Seguidamente y con base en la escala anterior, se elaboró la distribución de los activos de información según el nivel de riesgo por cada amenaza identificada, lo que permitió conocer la situación de los activos en esta dimensión. A continuación se muestran los resultados gráficamente para facilitar su comprensión.

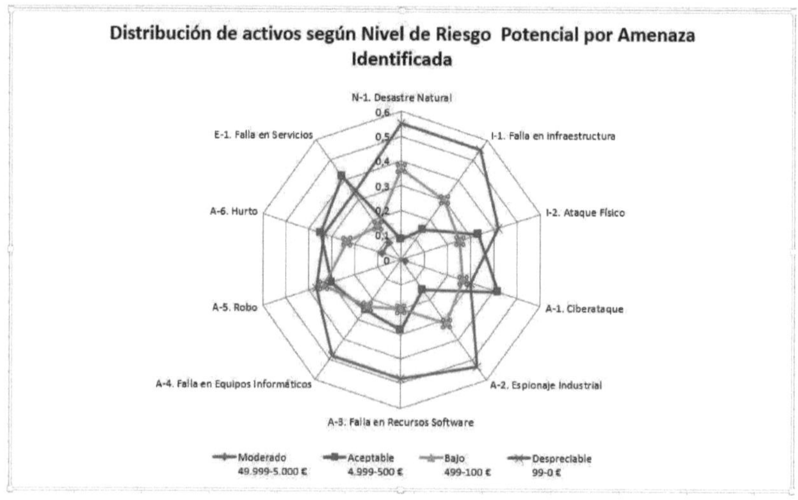

Figura 8. Distribución de los activos según el nivel de riesgo potencial por cada amenaza identificada.

Elaboración propia [2014].

Como se observa en el gráfico, las amenazas que implican un riesgo moderado –mayor al riesgo aceptable- son A-1. Ciberataque con 1,67%; A-6. Hurto con 8,33% y E-1. Falla en servicios con 8,33%.

Del gráfico también se desprende, que las amenazas que tienen mayor incidencia sobre los activos –aun cuando el riesgo que ocasionan está dentro del riesgo aceptable- son I-2. Ataque físico con 33,33%; A-1. Ciberataque y E-1. Falla en Servicios con 41,67%; A-6. Hurto con 35%; A-5. Robo con 30% y A-3. Falla en recursos software con 28,33%.

Revisando la información del análisis de riesgo potencial con más detalle, se encontró que los activos más comprometidos son los activos esenciales, el activo de información contabilidad y el activo caja fuerte, que forma parte de los activos de equipamiento auxiliar, los cuales presentan un nivel de riesgo potencial mayor al nivel de riesgo aceptable, ubicándose en el nivel de riesgo moderado con un valor superior a los 5.000 €. Aunque estos activos solo representan el 18,33% del total de activos que forman parte del alcance del SGSI, resulta necesario tomar medidas que permitan mitigar estos riesgos, llevándolos al nivel de riesgo aceptable o a un nivel inferior de ser posible. De igual forma, se considera deseable reducir la cantidad de activos que se encuentran en el nivel de riesgo aceptable, lo cual podría mejorar el estado actual de la seguridad de la información en la empresa.

Visto lo anterior, se procedió a elaborar el plan de acción para el tratamiento de los riesgos de la empresa en estudio, el cual se presenta a continuación. El mismo está conformado por un conjunto de propuestas que pueden contribuir a mejorar el estado de la seguridad de la información de la empresa en estudio.

6.2. Propuestas del plan de acción

El plan de acción para el tratamiento de los riesgos en la empresa en estudio está conformado por las siguientes propuestas:

A. Plan de Seguridad en la Organización y los RRHH

El alcance de este plan está delimitado por los siguientes aspectos: Seguridad asociada a los RRHH, Políticas de seguridad de la empresa, aspectos organizativos en seguridad de la información en la empresa y la gestión de los activos de información.

El objetivo general de este plan es mejorar el estado de la seguridad de la información en la organización a través de la implementación de medidas y acciones que contribuyan a capacitar al personal de la empresa en relación con la seguridad de la información, estableciendo además procedimientos que faciliten el funcionamiento del SGSI implantado en la empresa.

Este plan tiene influencia indirecta   -reduciendo al menos en un 50% la frecuencia de ocurrencia- sobre las amenazas I-2. Ataque físico, y A-4. Falla en equipos informáticos. Este plan tiene un tiempo estimado de ejecución de 6 semanas, se considera de alta prioridad –debe ejecutarse a corto plazo- y tiene un costo de inversión estimado de 2898,91 €.

Plan de seguridad física y perimetral de la organización

El alcance de este plan está delimitado por el estado de la seguridad física del grupo de activos de infraestructura que entran dentro del alcance del SGSI. En el caso de la empresa en estudio, estos activos están conformados por: oficina de presidencia, oficina de contraloría, sala de servidores, archivo general y oficinas de los departamentos. Asimismo se incluyen los equipos informáticos   y los dispositivos para la movilidad.

El objetivo general de este plan es mejorar el estado de la seguridad física de los activos de infraestructura   y de equipos informáticos que están relacionados de forma directa o indirecta con los sistemas de información de la empresa, a través de la implementación de un conjunto de medidas que a su vez contribuyan en la   reducción del impacto de las amenazas y la mitigación de los riesgos potenciales asociados e identificados en el análisis de riesgos. Este plan tiene influencia directa sobre las amenazas A-5. Robo, A-6. Hurto y E-1. Falla en servicios. Se ha considerado dentro de la categoría de alta prioridad –debería implementarse a corto plazo-, tiene un tiempo estimado de ejecución de 8 semanas y representa una inversión de 8.320,06 €.

Plan de seguridad en redes de telecomunicaciones y sistemas de información

El alcance de este plan de acción está delimitado por los siguientes aspectos: control de acceso a los sistemas, Uso de cifrado, seguridad en la operativa, seguridad en redes de telecomunicaciones, seguridad en sistemas de información   y seguridad en relaciones con suministradores.

El objetivo general de este plan es optimizar el estado de la seguridad actual relacionada con las redes de telecomunicaciones, los sistemas de información y la información propiamente dicha, con el fin de reducir el impacto que pueden tener   determinados tipos de ciberataques sobre los activos de información de la empresa. Este plan tiene influencia directa sobre la amenaza A-1. Ciberataques; e indirecta sobre la amenaza A-3. Falla en recursos software. Se ha considerado dentro de la categoría de prioridad media-puede implementarse a mediano plazo-, tiene un tiempo de ejecución estimado de 12 semanas y representa una inversión de 263,53 €.

Plan de gestión de incidentes de seguridad

El alcance de este plan de acción está delimitado por la gestión de incidentes de seguridad y la respuesta ante los mismos.

El objetivo general de este plan es optimizar la actual gestión de incidentes de seguridad, mediante la mejora del grado de madurez de las salvaguardas existentes, con la finalidad de lograr una mejor respuesta ante incidentes de seguridad que pudieran comprometer a los activos de información de la empresa. Este plan está relacionado con la mejora continua de la seguridad de la información en la empresa. Este plan tiene un tiempo de ejecución estimado de 4 semanas, se ha considerado de prioridad media, por lo que puede implementarse a mediano plazo y representa una inversión de 219,61 €

Plan de seguridad en la continuidad del negocio y verificación del cumplimiento

El alcance de este plan está delimitado por la seguridad en la continuidad del negocio y aspectos relacionados al cumplimiento de los requisitos legales y la revisión de la seguridad de la información.

El objetivo general de esta propuesta es la implementación de un plan de mejora en la continuidad   de la seguridad de la información que permita mediante controles y medidas de seguridad, verificar, revisar y evaluar la continuidad de la seguridad, el cumplimiento de los requisitos legales y el estado de la seguridad de la información propiamente dicha, con objeto de afrontar en un futuro próximo el proceso de certificación de la norma ISO/IEC 27001.

Este plan está relacionado con la mejora continua de la seguridad de la información. Se ha incluido dentro del nivel de prioridad media, por lo que puede implementarse a mediano plazo. El plan tiene un tiempo estimado de ejecución de 4 semanas y representa una inversión de 4.816,88 €, ya que se incluye el proceso de auditorías independientes.

Todas las propuestas descritas anteriormente incluyen una evaluación de las actividades mediante un instrumento elaborado para tal fin. Para ver en detalle cada propuesta, puede consultarse el documento 'plan de acción tratamiento de riesgos', donde se han detallado todos los apartados y se incluyen como anexos los instrumentos de evaluación de cada propuesta.

Finalmente, a continuación y a modo ilustrativo se presenta un plano general de la planificación del plan de acción para el tratamiento de riesgos con todas las propuestas que lo conforman.

	Nombre de tarea	Duració	Comienzo	Fin
1	Plan Seguridad en la organización y los RRHH	52 días	lun 24/11/14	mar 03/0
2	Plan de Seguridad Física y Perimetral de la Organización	56 días	lun 12/01/15	lun 30/0
3	Plan de Seguridad en Redes de Telecomunicaciones y Sistemas de Información	59 días	lun 09/03/15	jue 28/0
4	Plan de Gestión de Incidentes de Seguridad	21 días	mar 02/06/15	mar 30/0
5	Plan de Seguridad en la Continuidad del Negocio y Verificación del Cumplimiento	22 días	mar 30/06/15	mié 29/0

Figura 9. Diagrama GANT con la planificación del plan de acción para el tratamiento de riesgos.

Elaboración propia [2014].

6.3. Resultados

Como resultado de esta fase se ha obtenido un documento que contiene las propuestas del plan de acción para el tratamiento de los riesgos, en el que se detalla cada propuesta incluyendo: alcance, objetivo general, objetivos específicos, tiempo estimado de ejecución, personal requerido, actividades a realizar, asignación de roles y responsabilidades, presupuesto, planificación de actividades y evaluación.

También se obtuvo una proyección del estado de los activos en relación con el nivel de riesgo y las amenazas luego de implementar el plan de acción propuesto, la cual se incluye en el documento mencionado anteriormente y que a fines ilustrativos se muestra a continuación.

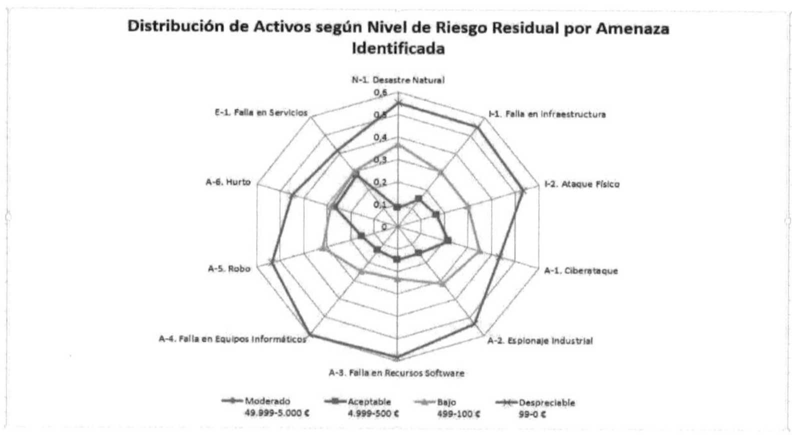

Figura 10. Distribución de los activos según el riesgo residual por cada amenaza identificada una vez implementado el plan de acción propuesto.

Elaboración propia [2014].

Tal como se observa en el diagrama, si se aplica el plan de acción propuesto no solo se eliminarían los activos en riesgo moderado, logrando reducirlos hasta un riesgo aceptable, sino que también se podría reducir la cantidad de activos en este nivel, pudiendo reducir a su vez los activos en riesgo bajo, lo que explica el aumento del número de activos en riesgo despreciable, situación que resultaría beneficiosa para la empresa, pues no solo optimizaría el estado de la seguridad de la información de cara a una futura certificación de la ISO/IEC 27001, sino que también mitigaría considerablemente el nivel de riesgo, lo que se traduce en una reducción de gastos en términos financieros.

Por otra parte, analizando el costo beneficio de implementar este plan de acción, se tiene que en cada propuesta   por separado, la inversión no supera los 9.000 € y que en su conjunto,   la inversión asciende a 16.517,99 €. Si se toma en cuenta que de no tomar ninguna medida que mitigue los riesgos el gasto anual rondaría los 99.320,55 €, la inversión en este plan representa apenas un 16,63 %; teniendo en cuenta lo anterior y el hecho de que la propuesta permitiría afrontar un   proceso de certificación de la ISO/IEC 27001, la implementación del plan de acción propuesto tendría un impacto muy positivo en la credibilidad y confianza por parte de los clientes hacia la empresa.

CAPÍTULO V

7. Auditoría de Cumplimiento

7.1. Metodología

La metodología empleada para llevar a cabo el proceso de auditoría de cumplimiento ha sido elaborada a partir de los dominios y puntos de control que propone la norma ISO/IEC 27002:2013, ya que al ser un estándar internacional, resulta perfectamente válido para cualquier organización.

Los pasos a seguir en la metodología se han definido de la siguiente manera:

1. Determinación del grado de madurez inicial de los controles y medidas de seguridad en la empresa en estudio, tomando como punto de partida el análisis diferencial realizado en la fase I de la implantación del SGSI.

2. Verificación de la existencia de medidas y controles de seguridad relacionados con los siguientes aspectos:

- Formalización de las prácticas mediante documentos escritos o aprobados.
- Política de personal.
- Solicitudes técnicas (software, hardware o comunicaciones).
- Seguridad física.

3. Valoración del grado de madurez de los controles y medidas de seguridad implementados en la empresa a través de un instrumento que contiene 101 puntos de verificación definidos mediante un proceso de abstracción con base en los puntos de control de la norma ISO/IEC 27002:2013 que aplican, según lo establecido en la declaración de aplicabilidad.

4. Valoración del grado de madurez de la empresa con respecto a la ISO/IEC 27001:2013 antes y después de la implementación del SGSI y el plan de acción propuesto, a través de un instrumento elaborado partiendo de la información obtenida con el análisis diferencial ISO/IEC 27001:2013-27002:2013 utilizando la misma escala de valoración basada en el modelo de madurez de la capacidad empleada en el paso anterior.

Para la ejecución del primer paso de la metodología, se tomó como punto de partida la información aportada en el análisis diferencial, realizado en la fase I del presente plan. Posteriormente se elaboró un instrumento que contiene 101 puntos de verificación, ya que se descartaron aquellos controles cuya explicación los dejaba fuera del alcance del SGSI a implantar. Dicho instrumento ha sido utilizado para el paso 3 de la metodología, ya que se conserva el formato y la misma estructura. Por otra parte, para la ejecución del segundo paso de la metodología, se hizo una revisión del esquema documental del SGSI y se utilizaron los instrumentos de evaluación elaborados para las propuestas del plan de acción para el tratamiento de riesgos, diseñado en la fase anterior.

Para el tercer paso de la metodología, se utilizó el instrumento descrito anteriormente en el primer paso. Como información adicional, cabe mencionar que este   instrumento contiene un punto de verificación por cada punto de control de la norma ISO/IEC 27002:2013, teniendo en cuenta además, la información aportada por la declaración de aplicabilidad, lo que coincide con la información aportada por el análisis diferencial.

Por último, para la realización del cuarto paso, se elaboró un instrumento con base en el modelo utilizado para el análisis diferencial ISO/IEC 27001:2013-27002:2013, adaptándolo a los requerimientos necesarios para valorar el grado de madurez de la empresa con respecto a los apartados de la norma ISO/IEC 27001:2013. Para la valoración del grado de madurez (en el tercer y cuarto paso), se utilizó una escala que está basada en el modelo de madurez de la capacidad. Dicha escala se presentará con más detalle en el siguiente apartado.

7.2. Evaluación de la Madurez

En todo proceso de auditoría de cumplimiento resulta necesario evaluar la madurez en la que se encuentran las salvaguardas o contramedidas implantadas con el fin de minimizar riesgos y atender las amenazas identificadas, pues de esta forma se puede conocer el panorama general del estado de la seguridad de la información en la empresa y evaluar en qué medida se cumple con el estándar   internacional propuesto por la ISO/IEC 27001:2013.

En el caso de la empresa en estudio, se utilizó una escala que se basa en el modelo de madurez de la capacidad (CMM), la cual se muestra a continuación.

Tabla 12. Escala para la determinación del grado de madurez y cumplimiento con la ISO/IEC 27002:2013.

EFECTIVIDAD	CMM	SIGNIFICADO	DESCRIPCIÓN
0%	L0	Inexistente	Carencia completa de cualquier proceso reconocible.No se ha reconocido siquiera que existe un problema a resolver.
10%	L1	Inicial / Ad-hoc	Estado inicial donde el éxito de las actividades de los procesos se basa la mayoría de las veces en el esfuerzo personal.Los procedimientos son inexistentes o localizados en áreas concretas.No existen plantillas definidas a nivel corporativo.
50%	L2	Reproducible, pero intuitivo	Los procesos similares se llevan en forma similar por diferentes personas con la misma tarea. Se normalizan las buenas prácticas en base a la experiencia y al método. No hay comunicación o entrenamiento formal, las responsabilidades quedan a cargo de cada individuo.
90%	L3	Proceso definido	La organización entera participa en el proceso. Los procesos están implantados, documentados y comunicados mediante entrenamiento.
95%	L4	Gestionado y medible	Se puede seguir con indicadores numéricos y estadísticos la evolución de los procesos. Se dispone de tecnología para automatizar el flujo de trabajo, se tienen herramientas para mejorar la calidad y la eficiencia.
100%	L5	Optimizado	Los procesos están bajo constante mejora.

En el siguiente apartado se presentará el modelo de informe de auditoría utilizado para comunicar los resultados obtenidos a la directiva de la empresa en estudio.

7.3. Presentación de Resultados

Para la presentación de los resultados obtenidos en la auditoría de cumplimiento, se elaboró un modelo de informe de auditoría el cual contiene los siguientes apartados:

- Situación actual de la seguridad de la información en la empresa. Auditoría de cumplimiento
- Alcance de la auditoría.
- Objetivo de la auditoría.
- Tiempo de ejecución.
- Personal encargado de la realización de la auditoría.
- Metodología utilizada.
- Resultados obtenidos.
- Conclusiones y recomendaciones.

Este informe fue entregado en primera instancia al comité de seguridad, para posteriormente ser dirigido a la directiva de la empresa en estudio.

En el siguiente apartado se presentará un resumen de los resultados obtenidos en el proceso de auditoría de cumplimiento.

7.4. Resultados

Como resultado de esta fase se obtuvo un documento denominado 'informe auditoría cumplimiento' el cual sigue la estructura presentada en el apartado anterior y que contiene los resultados obtenidos luego de aplicar la metodología descrita en este capítulo.

A continuación se presenta un breve resumen de los resultados más significativos contenidos en el informe de auditoría de cumplimiento.

En relación con la determinación del grado de madurez inicial de los controles de seguridad (primer paso), se encontró que graficando los resultados obtenidos, antes de implantar el SGSI en la empresa, los controles de seguridad se encontraban distribuidos de la siguiente manera: Inexistentes (49,50%), Inicial/Ad-hoc (9,90%), Reproducibles, pero intuitivos (36,63%) y Proceso Definido (3,96%); no encontrándose ninguno en el nivel deseable 'Gestionable y Medible'.

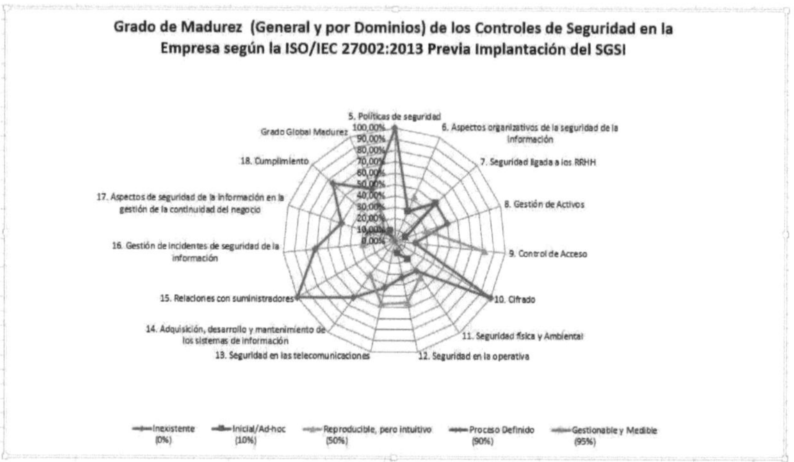

Figura 11. Distribución (general y por dominios) del grado de madurez de los controles de seguridad de la empresa previa implantación del SGSI.

Elaboración propia [2014].

Por otro lado, con respecto a la verificación de las medidas y controles de seguridad asociados a los aspectos mencionados tanto en los objetivos como en la metodología utilizada (segundo paso), se encontró, luego de la revisión del esquema documental, las inspecciones, las entrevistas y la observación directa, así como el uso de los instrumentos de evaluación de cada propuesta, que de las 5 propuestas que conforman el plan de acción,

3 han sido implementadas en su totalidad, una se encuentra en la recta final para su implementación total y una se encuentra en la etapa inicial.

De las 3 propuestas ya implementadas, 2 corresponden a las categorizadas como de alta prioridad (seguridad en la organización y los RRHH y Seguridad física y perimetral) y la tercera es la correspondiente a la gestión de incidentes de seguridad de la información. La propuesta que se encuentra en la recta final, es la correspondiente a la seguridad en redes de telecomunicaciones y sistemas de información y la que está en fase inicial es la correspondiente a la seguridad en la continuidad del negocio y la verificación del cumplimiento.

Una vez verificados los controles de seguridad relacionados a los aspectos mencionados en el párrafo anterior, se procedió a valorar el grado de madurez de los controles luego de la implementación de al menos el 70% del plan de acción para el tratamiento de riesgos (tercer paso).

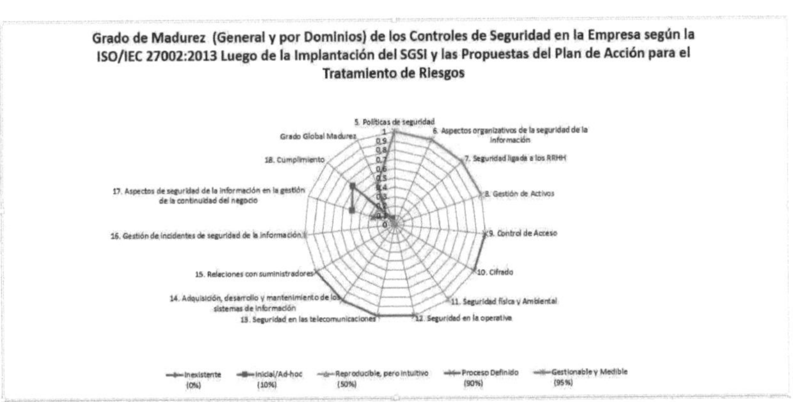

Figura 12. Distribución (general y por dominios) del grado de madurez de los controles de seguridad de la empresa según ISO/IEC 27002:2013 luego de implementar las propuestas del plan de acción para el tratamiento de riesgos.

Elaboración propia [2014].

En el gráfico anterior se puede observar, cómo en la distribución general los controles se ubican con mayores porcentajes en los niveles L3 y L4 (90% y 95%), con porcentajes de 43,56% y 46,53%, respectivamente; mientras que solo el 2,97% se ubica en el nivel L2 (50%) y el 6,93% se ubica en el nivel L1 (10%).

En relación a la valoración (antes y después) del grado de madurez de la empresa con respecto a los apartados de la norma ISO/IEC 27001:2013 (cuarto paso) se obtuvieron los siguientes resultados: la distribución del grado de madurez inicial mostró que el 86,96% de los apartados se ubicaban (mostrando un 100%) en el nivel L0 (0% Inexistente); mientras que 4,35% se ubicó en el nivel L1 (10% Inicial/Ad-hoc) y el 8,70% se ubicó en el nivel L2 (50% Reproducible, pero intuitivo).

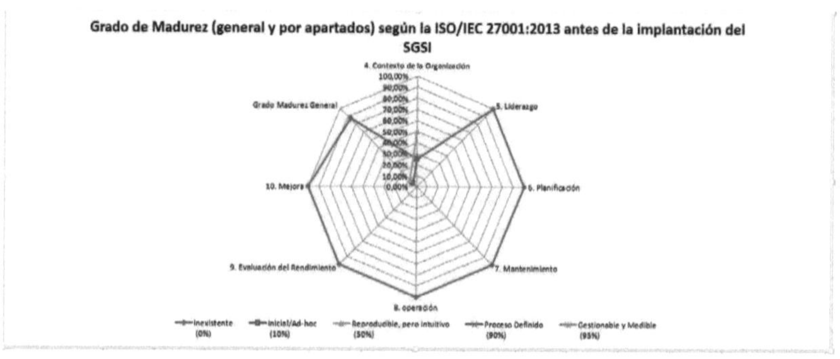

Figura 13. Distribución (general y por apartados) del grado de madurez de la empresa según ISO/IEC 27001:2013 previa implantación del SGSI.

Elaboración propia [2014].

Ahora bien, luego de la implementación del SGSI y el plan de acción propuesto, la distribución inicial cambió notablemente y mostró que la mayoría de los apartados se ubica en el nivel L4 (95% Gestionable y Medible) representando un 73,91%, mientras que el resto se distribuye entre el nivel L3 (90% Proceso Definido) representando un 8,79% y el nivel L1 (10%Inicial/Ad-hoc) representando un 17,39% del total.

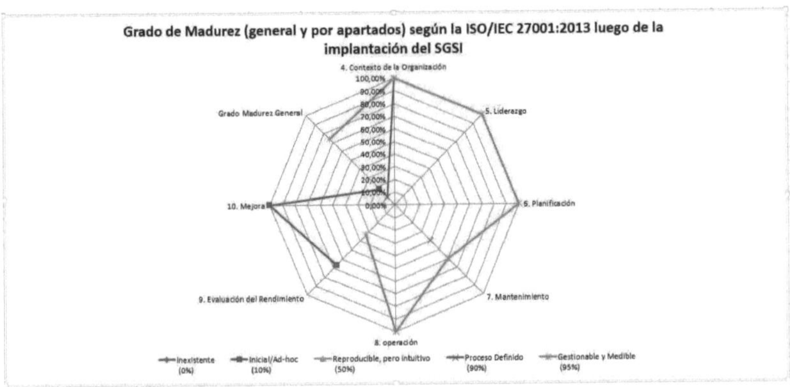

Figura 14. Distribución (general y por apartados) del grado de madurez de la empresa según ISO/IEC 27001:2013 luego de la implantación del SGSI y el plan de acción propuesto.

Elaboración propia [2014]

Finalmente, en un análisis comparativo entre el estado inicial de la seguridad de la información y el actual luego de la implementación de las propuestas del plan de acción para el tratamiento de riesgos, en términos del grado de madurez de los controles de seguridad y el nivel de cumplimiento, hay que destacar la notable mejora, tanto del estado de la seguridad de la información como del grado de madurez de los controles y medidas de

seguridad de la empresa que la han hecho evolucionar de un nivel de cumplimiento del 40,59% a un 93,07%; aumentando a su vez el grado de madurez ubicándose de forma significativa en los niveles L3 y L4 90% y (95% de eficiencia). Lo que representa un 90,10% de los controles existentes. Asimismo, hay que destacar el avance en el grado de madurez de la empresa con respecto a la ISO/IEC 27001:2013 que pasó de un 13,05% (distribuido en los niveles L1 y L2) a un 82,61% (distribuidos en los niveles L3 y L4) quedando un 17,39% aún en nivel I1. Es importante destacar, que aunque en la escala se contempla un nivel L5 (100% Optimizado) para el grado de madurez de los controles, éste se omitió para la elaboración de los diagramas, pues mientras no se implemente en su totalidad la propuesta que ofrece controles de mejora continua, revisión, verificación y evaluación de la seguridad en la continuidad del negocio, así como controles de verificación del cumplimiento, no puede hablarse de optimización de los controles de seguridad.

No obstante, de seguir a este ritmo, es probable que en una próxima auditoría, haya mejorado aún más, tanto el estado de la seguridad como el grado de madurez de los controles en la empresa en estudio.

Para más detalles de los resultados de la auditoría de cumplimiento puede consultarse el documento 'informe auditoría cumplimiento'.

CAPÍTULO VI

8.   Presentación de Resultados y Entrega de Informes

8.1.   Objetivos de la Fase

El objetivo principal de esta fase se centró en la elaboración de la documentación dirigida, por una parte a la directiva de la empresa y por la otra, al personal que labora en ella.

Dentro de esta documentación se ha considerado la elaboración en formato presentación multimedia, ya que resulta mucho más adecuado como complemento a las reuniones que se puedan programar para entregar los informes correspondientes, así como la presentación de los resultados obtenidos.

Esta documentación está formada por los siguientes documentos:

- Informe Ejecutivo.
- Estado de Ejecución del Plan de Acción y Nivel de Cumplimiento ISO/IEC 27001:2013.
- Presentación de Resultados Proyecto Implantación SGSI.
- Concienciación en Seguridad de la Información.

En el siguiente apartado se expondrá con más detalle, el contenido de cada entregable.

8.2.   **Entregables**

Tal como se indicó en el apartado anterior, el objetivo de esta fase se centró en la elaboración de la documentación que se ha de entregar a la directiva de la empresa.

Esta documentación está conformada por cuatro presentaciones multimedia que se detallan a continuación:

- Informe ejecutivo: Dirigido a la directiva de la empresa, que presenta un resumen del proyecto organizado por fases.

- Estado de Ejecución del Plan de Acción y Nivel de Cumplimiento ISO/IEC 27001:2013: dirigido a la directiva de la empresa, que muestra de forma concreta, los resultados obtenidos durante la fase de auditoría de cumplimiento en relación con el estado de ejecución del plan de acción para el tratamiento de riesgos y el nivel de cumplimiento con la ISO/IEC 27001:2013 y 27002:2013, luego de la implementación de las propuestas.

- Entrega de Resultados: Dirigido a la directiva de la empresa, que muestra con detalle los resultados obtenidos durante cada fase del proyecto.

- Concienciación en Seguridad de la Información: dirigido al personal de la empresa, con la intención de que sea un recurso que permita reforzar los conocimientos ya adquiridos y que sirva para el personal futuro de la misma. Incluye una breve introducción sobre seguridad de la información, las normas ISO /IEC 27001:2013, la importancia y los beneficios de la seguridad de la información en la empresa, las consecuencias de ignorar la seguridad de la información y algunas recomendaciones generales para comenzar con la seguridad de la información en la empresa, todo desde el punto de vista del empleado/usuario.

9. Conclusiones

Como conclusiones generales de este trabajo se pueden destacar:

- La seguridad de la información es una disciplina que permite proteger la información y los activos relacionados en varias dimensiones de seguridad: Confiabilidad, disponibilidad, integridad, autenticidad y trazabilidad.

- La seguridad de la información está orientada a proteger a la información en todos sus estados (formatos) y en todas las etapas de su ciclo de vida.

- La seguridad informática forma parte de la seguridad de la información y se orienta a la protección de los sistemas y equipos informáticos.

- La gestión de la seguridad de la información en la empresa, es un proceso que debe ser medible, documentado y conocido por todo el personal que labore en la empresa. En este sentido, los sistemas de gestión de seguridad de la información, brindan un soporte idóneo, sobre todo si se rigen por las recomendaciones y buenas prácticas de la ISO/IEC 27001.

- La colaboración del personal de la empresa donde se pretenda implantar un SGSI y el compromiso de la directiva, son aspectos fundamentales para el éxito de cualquier proyecto de este estilo.

- Con la implantación de un SGSI, no solo se puede mejorar el estado de seguridad de la información en la empresa y el grado de madurez de los controles de seguridad, sino que también es posible mejorar la productividad de la empresa.

- Una empresa que cuente con un SGSI correctamente implantado, puede mejorar su credibilidad y confianza ante clientes, proveedores e incluso ante sus propios empleados.

- Una empresa que cuente con SGSI, tendrá allanado el camino de cara a una futura certificación de la norma ISO/IEC 27001.

Como conclusiones específicas en relación al proyecto de implantación en la empresa en estudio puede destacarse que:

- Se llevó a cabo una mejora notable tanto en el estado de seguridad de la información de la empresa, como del grado de madurez de sus controles; de un 13,04% inicial, se pudo alcanzar un 82,70% con respecto a la ISO/IEC 27001:2013.

- En relación con la ISO/IEC 27002:2013, se alcanzó una mejoría importante, avanzando en el grado de madurez de los controles y medidas de seguridad de un 50,49% a un 90,10%.

- El compromiso de la directiva de la empresa y la colaboración de sus empleados fue un aspecto fundamental en la ejecución   del proyecto. Esto quedó demostrado con la rápida adopción del plan de acción.

- Existe una intención clara, por parte de la empresa, de instaurar una cultura de seguridad de la información.

- De igual forma, es notable la mejoría en la productividad de la empresa, una vez implementado el plan de acción.

- Finalmente, la empresa logró aumentar su nivel de credibilidad y confianza entre clientes y proveedores, gracias a la implantación del SGSI.

10. Referencias Bibliográficas

Cao Avellaneda, J. (jul 31, 2008). Políticas, normas, procedimientos de seguridad y otros documentos de un SGSI. En línea. Consultado el 11/12/2014. Disponible en: http://sgsi-iso27001.blogspot.com/2008/07/como-resumen-al-documento-que-ya-indiqu.html

Díaz, A.; Collazos, G.; Cortez Lozano, H.; Ortiz, L. y Herazo Pérez, G. (2011). Sistema para el control de gestión de seguridad de la información. [PDF]. Consultado el 01/10/2014. Disponible en: http://www.konradlorenz.edu.co/images/stories/articulos/SGSI.pdf

Garre Gui, S. (2011) Introducción a la seguridad de la información. [PDF]. Material didáctico de la asignatura sistemas de gestión de la seguridad, máster MISTIC. FUOC. pág. 7. .

Gutiérrez Amaya, S. (dic 12, 2013). ISO/IEC 27002:2013 y los cambios en los dominios de control. En línea. Consultado el 30/09/2014. Disponible en: http://www.welivesecurity.com/la-es/2013/12/12/iso-iec-27002-2013-cambios-dominios-control/

ISACA. (2014). PO 4.6 Establishment of roles and responsibilities overview. En línea. Consultado el 8/10/2014. Disponible en: http://www.isaca.org/GROUPS/PROFESSIONAL-ENGLISH/PO4-6-ESTABLISHMENT-OF-ROLES-AND-RESPONSIBILITIES/Pages/overview.aspx

ISO27000.es. (2012). Gestión de Seguridad de la Información. En línea. Consultada el 30/09/2014. Disponible en: http://www.iso27000.es/sgsi.html

ISO27000.es. (2013). Nueva guía IsO/IEC 27002:2013. [PDF]. Disponible en: http:// www.iso27000.es/download/ControlesISO27002-2013.pdf

ISO27001Security.com. (2014). ISO/IEC 27004 metrics standard. En línea. Consultado el 6/10/2014. Disponible en: http://www.iso27001security.com/html/27004.html

Mendoza López, M. y Lorenzana Gutiérrez, P. (mar 1, 2013). Normatividad en las organizaciones: Políticas de seguridad de la información - Parte I. Revista .Seguridad. Vol. 16. UNAM, México. En línea. Consultada el 30/09/2014. Disponible en: http://revista.seguridad.unam.mx/numero-16/normatividad-en-las-organizaciones-pol%C3%ADticas-de-seguridad-de-la-informaci%C3%B3n-parte-i

Pallavicini, C. (2011). Norma ISO 27004. [PDF]. Consultado el 9/10/2014. Disponible en: http://www.pallavicini.cl/sites/default/files/iso_27004.pdf

Esteban de Quesada, R. (2009). Auditoría técnica de seguridad. [PDF]. FUOC, Barcelona, España.

Buy your books fast and straightforward online - at one of the world's fastest growing online book stores! Environmentally sound due to Print-on-Demand technologies.

Buy your books online at

www.get-morebooks.com

¡Compre sus libros rápido y directo en internet, en una de las librerías en línea con mayor crecimiento en el mundo! Producción que protege el medio ambiente a través de las tecnologías de impresión bajo demanda.

Compre sus libros online en

www.morebooks.es

SIA OmniScriptum Publishing
Brivibas gatve 1 97
LV-103 9 Riga, Latvia
Telefax: +371 68620455

info@omniscriptum.com
www.omniscriptum.com

Printed by Books on Demand GmbH, Norderstedt / Germany